Andreas Borchers

Neue Nazis im Osten

Hintergründe und Fakten

BELTZ
Quadriga

Für Antonio Amadeu und Jorge Gomondai
…und für Ulrike

Danksagung
Ein Buch wie dieses ist kaum vernünftig zu realisieren, wenn man
nur auf eigene Erlebnisse zurückgreifen kann. Ich danke deshalb
allen Kollegen und Kolleginnen, deren Recherchen ich – gefragt
oder ungefragt – verwenden konnte. Sehr hilfreich waren mir vor
allem Dieter Krause, Werner Mathes, Ludwig Rauch und Axel
Vornbäumen. Einige wichtige Hinweise und Informationen
verdanke ich Bernd Sieglers lesenswertem Buch „Auferstanden aus
Ruinen". Ein besonderes Dankeschön geht an Uli „Einverstanden"
Jörges und – nicht zuletzt – Ingrid „Ingo the best" Krauß, ohne
deren Unterstützung ich dieses Buch nicht hätte schreiben können.

Die Deutsche Bibliothek – CIP-Einheitsaufnahme
Borchers, Andreas:
Neue Nazis im Osten : Hintergründe und Fakten / Andreas Borchers. –
Weinheim ; Basel : Beltz Quadriga 1992
ISBN 3-407-30559-1

© 1992 Beltz Verlag · Weinheim
Redaktion: WZ Media
Korrektur: Dietmar Heekerens, Marion Lang
Satz und Umbruch: Satz- und Reprotechnik GmbH, 6944 Hemsbach
Druck und buchbinderische Verarbeitung: Druckhaus Beltz, 6944 Hemsbach
Umschlaggestaltung: Dieter Vollendorf, München, unter Verwendung einer
Fotografie des Bilderdienstes Süddeutscher Verlag
Printed in Germany

ISBN 3-407-30559-1

Inhalt

Vorwort

„Die Würde des Menschen ist unantastbar.
Sie zu achten und zu schützen ist Verpflichtung
aller staatlichen Gewalt."
(Artikel 1 Grundgesetz)

„Politisch Verfolgte genießen Asylrecht."
(Artikel 16 Grundgesetz)

„Es gibt 1000 gute Gründe, auf dieses Land
stolz zu sein/Warum fällt mir nur auf einmal
kein einziger mehr ein?"
(Die Toten Hosen)

Als ich im Frühsommer 1988 eine Reportage über die damals noch real existierende DDR machte, äußerten zwei meiner Gesprächspartner, die ansonsten für SED-Verhältnisse ungewöhnlich kontroverse Ansichten vertraten, zumindest in einem Punkt völlige Übereinstimmung. Einer der großen Vorzüge der DDR gegenüber der Bundesrepublik sei, sagten sowohl der betagte Glasnost-Anhänger Jürgen Kuczynski als auch der linientreue SED-Chefideologe Otto Reinhold, daß es im sozialistischen deutschen Staat keinen Rechtsradikalismus gebe.

Kuczynski hätte es besser wissen müssen, Reinhold wußte es besser. Aber getreu der Maxime, daß nicht sein kann, was nicht sein darf, leugneten beide, was längst nicht mehr zu übersehen war: Auch in der DDR trieben Neonazis ihr Unwesen. Und schon damals war Dresden eines der Zentren der braunen Szene. Im Jugendclub Gohlis, dem einzigen Treffpunkt für die Kids aus dem tristen Dresdner Plattenbau-Viertel, machten die Mitarbeiter gar nicht erst den Versuch, die Situation schönzureden. Der Faschismus sei mit „Stumpf und Stiel ausgerottet", wie es die Partei immer propagiere? Von wegen. Natürlich gebe es Skinheads, reichlich sogar, die meisten stammten aus SED-Elternhäusern. Und brutal seien die, extrem brutal. Aber ich solle sie um Gottes willen nicht zitieren. Was nicht sein konnte, durfte auch nicht rauskommen.

Nach der Wende wurde schnell offenbar, welche Art von Kindern der Sozialismus mit seinem verordneten Antifaschismus und seiner aufgesetzten Völkerfreundschaft auch entlassen hat: überzeugte und ideologisch geschulte Rechtsradikale, die Hatz machen auf alles, was sie für „undeutsch" halten, vor allem auf Ausländer. Und ebensoschnell wurde klar, daß diese Neonazis bereits zu DDR-Zeiten über ausgezeichnete Kontakte zu westlichen Gesinnungsgenossen verfügten.

Sofort nach dem Fall der Mauer bauten die Rechtsradikalen aus Ost und West gemeinsam schlagkräftige Organisationen auf – in der DDR, weil sie dort – zu Recht – auf große Resonanz hofften. Das Ergebnis ist mittlerweile tagtäglich den Nachrichten zu entnehmen: Anschläge auf Ausländer allerorten, zunächst vor allem im Osten, nach den Pogromen von Hoyerswerda verstärkt auch wieder im Westen. Auf 4500 beziffert der Verfassungsschutz inzwischen allein die Zahl der militanten Neonazis; ihre aktiven Sympathisanten werden in Zehntausendern gezählt.

Der Umgang mit dem Problem Rechtsradikalismus in der größer gewordenen Bundesrepublik ist genauso erschreckend. Die Justiz geht zahm mit den Neonazis um, die Polizei behelligt sie kaum – wenn sie sie denn nicht sogar unterstützt. Eine längst nicht mehr schweigende Mehrheit applaudiert, wenn Rechtsradikale Ausländer verprügeln, Pädagogen und Soziologen nehmen die Täter als Opfer der Umbruchverhältnisse in Schutz, und Medien wie Politiker verharmlosen die ausländerfeindliche Stimmung oder heizen sie sogar noch an.

Und kaum einer will wahrhaben, was wirklich los ist: daß 46 Jahre nach Ende des Zweiten Weltkrieges die Spätfolgen der im Osten wie im Westen verdrängten Vergangenheit sichtbar werden, daß die Symptome des Nazismus wieder aufbrechen. Denn „neo" ist an den neuen Nazis so gut wie nichts; sie unterscheiden sich kaum von den alten. Ihre Opfer sind die gleichen: Juden, Linke, Schwule, „Zigeuner", Ausländer. Ihre Methoden sind die gleichen: Gewalt und Terror. Sie leiden am gleichen Wahn: einem übersteigerten Nationalismus. Und ihr Ziel ist das gleiche: die Errichtung eines großdeutschen Reiches. Nationalsozialismus pur.

Auch wenn wir, zumindest in den Altbundesländern, in einer halbwegs gefestigten Demokratie leben mögen: dies zu ignorieren, könnte sich einmal bitterlich rächen.

Lösungen bietet dieses Buch nicht, kann es auch nicht bieten. Es liefert lediglich eine Zustandsbeschreibung: Deutschland im Herbst 1991, zwei Jahre nach dem Fall der Mauer, ein Jahr nach der Wiedervereinigung. Ein Land, in dem es – leider – wieder zu viele gute Gründe gibt, an den Epilog aus Bertolt Brechts Hitler-Parabel „Der aufhaltsame Aufstieg des Arturo Ui" zu erinnern:

Ihr aber lernet, wie man sieht statt stiert
Und handelt, statt zu reden noch und noch.
So was hätt einmal fast die Welt regiert!
Die Völker wurden seiner Herr, jedoch
Daß keiner uns zu früh da triumphiert –
Der Schoß ist fruchtbar noch, aus dem das kroch!

Berlin/Hamburg, Dezember 1991

Deutsch-Wildost

*„Es droht die Gefahr, daß jenes Urteil, welches Mirabeau
vor mehr als zweihundert Jahren über die Preußen fällte,
nun auch für die Einheit Deutschlands gültig wird:
‚Noch nicht reif und schon faul.‘"*
Christoph Hein

Erfurt, den 25. Juni 1990. Heinz Mädel, ein 58jähriger arbeitsloser Maurer aus der Pilse-Gasse 28, macht seine allabendliche Runde um den Block. In der Futtergasse ist der Spaziergang zu später Stunde für den leicht abgerissen wirkenden Mann zu Ende. Eine Gruppe Skinheads, die seit Wochen durch Erfurt zieht, um „Assis und Schwule" zu klatschen, stellt sich ihm in den Weg. Plötzlich lösen sich zwei Mädchen aus dem Pulk, stürzen sich auf Heinz Mädel, prügeln mit geballten Fäusten auf ihn ein und versetzen ihm, nachdem er gestürzt ist, noch etliche Fußtritte. Die Skins schauen feixend zu.

„Die waren wie von Sinnen, die sind wie Hyänen auf den Mann losgegangen", beschreibt später eine Frau, die die Szene von ihrem Wohnzimmerfenster verfolgte, die Gewalttat. Und eine andere Zeugin sagt: „Stellen Sie sich vor, ein Mann liegt wehrlos am Boden und zwei Mädchen treten wie wild auf ihn ein."

Eine Woche später, am 1. Juli, stirbt Heinz Mädel an den Folgen des brutalen Überfalls; zwei gebrochene Rippen hatten sich in seine Lunge gebohrt. Er habe ja schon viel gesehen, berichtet der Unfallarzt, „aber daß das Mädchen waren, die den Mann so zugerichtet haben, das ist unfaßbar".

Die beiden Totschlägerinnen sind Corinna K. und Carina

S., beide 17 Jahre alt, beide in diesem Sommer auf der Suche nach einem Job. Corinna hat ihre Stelle im Fleischverarbeitenden Kombinat gekündigt bekommen, Carina ihre Lehre als Maschinenbauzeichnerin geschmissen.

Heinz Mädel kennen sie nicht. Es ist purer Zufall, daß sie am Abend des 25. Juni auf ihn treffen. Er tut ihnen nichts, sagt kein Wort. Trotzdem attackieren sie ihn. Sie wollen den Skins imponieren, mit denen sie seit ein paar Tagen durch die Gegend ziehen. Es ist die in rechtsradikalen Gruppen nicht unübliche Aufnahmeprüfung: Wer als vollwertiges Mitglied anerkannt werden will, muß eine Mutprobe absolvieren. Und die besteht in der Regel darin, einen Linken, Schwulen oder Ausländer zusammenzuschlagen.

Heinz Mädel gehörte keiner dieser drei Gruppen an. Und Corinna und Carina sind mit Sicherheit keine klassischen Neonazis. Trotzdem ist Heinz Mädel das erste Todesopfer rechtsradikaler Gewalt in der gewendeten DDR.

Es dauert nicht mehr lange, dann sterben auch die ersten „richtigen" Gegner der Rechtsradikalen: Menschen wie der Angolaner Antonio Amadeu, der in Eberswalde totgeschlagen wird, und der Mosambikaner Jorge Gomondai, den Neonazis in Dresden aus der fahrenden S-Bahn werfen.

Deutsch-Wildost. Der häßliche Deutsche zeigt wieder sein Gesicht. Eine Entwicklung mit Ansage.

Es war Mitte Oktober 1989, die Mauer stand und das SED-Regime regierte noch, da warf Falk Hocquél vom Neuen Forum in Leipzig einen wenig optimistischen Blick in die Zukunft. „Eigentlich", orakelte der junge Mann, „dürften wir gar nicht für freie Wahlen eintreten. Denn dabei kommen die Republikaner bei uns ganz groß raus." Zwischen 20 und 30 Prozent der Stimmen, so lautete seine Prognose, könnten rechtsextreme Parteien in der DDR einheimsen.

Übertriebene Braunmalerei? Leipzig, die Heldenstadt der friedlichen Revolutionäre, zwei Monate später. Es ist Mon-

tag. Demotag. Vor der Oper auf dem Karl-Marx-Platz eine
Orgie in Schwarz-Rot-Gold. Gesänge wie in der Westkur-
ve des Dortmunder Westfalenstadions bei einem Länder-
spiel: „Deutschland, Deutschland". Ein Plakat: „Jetzt rettet
uns nur noch Kohl". Dann entrollen Gastdemonstranten aus
dem Norden ein Transparent: „Mecklenburg schämt sich für
Euch! Heldenstadt? Wir brauchen keinen Gemüsekanzler!"
Die Menge beginnt zu toben. „Guck sie dir an, die roten
Säcke!" Eine Frau mit Pelzmütze ruft: „Geht doch nach
Rumänien!" Dahinter ein Mann, Mitte 50: „Die müssen hängen, die SED-Brüder. Das waren Staatsverbrecher. Das ist
das gleiche, was die Nazis gemacht haben."

Bernd Bludereit, der sich direkt vor den Stufen der Oper
postiert hat, hüpft von einem Bein aufs andere, reckt den
rechten Arm in die Luft und brüllt aus heiserer Kehle:
„Deutschland einig Vaterland." In einer Schrei-Pause sagt
der 39jährige Drucker: „Hier gibt's viele Leute, die für die
Republikaner sind. Die feiern Hitlers Geburtstag, weil der
viele gute Sachen gemacht hat."

Keine Frage: In Leipzig demonstriert inzwischen der
deutsche Stammtisch, Sektion Ost. Nicht unbedingt rechtsradikal, aber aufgeputscht, intellektuellen- und ausländerfeindlich, intolerant und eisern antikommunistisch.

Als der kolumbianische Student Eduardo Pastrana zu reden beginnt, schwillt ein Sprechchor an: „Wir sind Deutsche!" Ein junger Mann raunzt: „Der spinnt ja, der Kaf-
fer."

Drei junge Männer drängen sich durch die Menge, die
Haare stoppelkurz geschoren. Sie tragen dunkelgrüne Flie-
gerjacken mit dem aus bundesdeutschen Neonazi-Kreisen
stammenden roten Aufnäher „Ich bin stolz, ein Deutscher
zu sein." Einer von ihnen, Dirk, schnarrt los: „Ich bin stolz
auf einen Schiller, auf einen Goethe, einen Brahms, einen
Dürer, einen Beethoven. Wegen der zwölf dunklen Jahre
kann man uns nicht mehr verantwortlich machen." Er ist

Tischler und würde, könnte er nur, die Republikaner wählen. „Weil die Schluß machen mit den Asylanten. Hier gibt es zu viele Ausländer, die in den Kneipen hocken, denken, sie sind im Busch, und deutsche Frauen vergewaltigen."

Kurz darauf, die Demo beginnt sich gerade aufzulösen, hetzen Rechtsradikale ein Grüppchen Linker, das mit einem Anti-Wiedervereinigungs-Transparent bei der Kundgebung aufgetaucht war, durch die Straßen; wer ihnen in die Hände fällt, wird vertrimmt.

Ein paar Tage darauf. Mittwochabend in Weimar. Am Stadtrand, zwischen sozialistischen Einheitswohnblocks, der Jugendclub „Weimar West", Treffpunkt der „Glatzen", der örtlichen Skinheads. Ein paar Kahlköpfe in Bomberjacken und Springerstiefeln flegeln sich an der Theke. Vor ihnen eine Batterie Bierflaschen.

„Ich bin kein Nazi", sagt der 18jährige Marco, der die alte Reichskriegsflagge auf seine Jacke genäht hat. „Aber es gab vieles im Dritten Reich, was gut war. Man konnte wenigstens stolz auf sein Volk sein." Und der 19jährige Markus, ein im Komatrinken erprobter Muskelprotz, bringt auf den Punkt, was die Runde denkt: „Ausländer raus. Für Wiedervereinigung und gegen die jüdische Kommunistenbande. Wir machen Deutschland sauber."

Den markigen Worten, die man in diesen Tagen nicht nur in Leipzig und Weimar zu hören bekommt, folgen schnell Taten.

Bert Brecht hatte im Exil, geflohen vor den Nazis, eine prophetische Notiz zu Papier gebracht. „Ihr nennt mich Jude", schrieb der erklärte Atheist. „Doch ich bin keiner. Aber da sie viel von ihnen erschlagen und vergast haben, wird man noch welche brauchen können. So werde ich mich melden, einer zu werden. Vielleicht nimmt man mich."

In der Nacht zum 5. Mai 1990, in West-Berlin war wenige Stunden zuvor gerade der Jüdische Weltkongreß eröffnet worden, der erste auf deutschem Boden seit 60 Jahren, erfüllt sich Brechts Voraussage auf makabre Weise. An die Wand hinter seinem Grab auf dem Ost-Berliner Dorotheenfriedhof schmieren Rechtsradikale in großen weißen Lettern „Juden raus", auf Brechts Grabstein „Saujud".

In derselben Nacht wird auch die Volksschwimmhalle in Pankow mit Parolen wie „Deutschland den Deutschen" verunstaltet, wird der Friedhof der Jüdischen Gemeinde „Adass Jisroel" geschändet: Neonazis pinselten Hakenkreuze an die Mauer – ein Akt, der sich danach an mehreren Wochenenden wiederholt.

Zur selben Zeit hängen in der Ostberliner Hermann-Matern-Straße, nahe der Akademie der Künste, mehrere Tage lang Plakate mit der Aufschrift „Wehrt Euch gegen das internationale Judentum". Von offizieller Seite werden sie nicht entfernt. Als schließlich eine junge Frau mühsam versucht, die Anschläge abzukratzen, zieht sie sich den Zorn der Passanten zu: „Sie sind ja intolerant."

Deutsch-Wildost, die harmlosere Variante des alltäglichen Faschismus.

Die üble Spielart ist zu diesem Zeitpunkt ebenfalls alltäglich zu beobachten. Feldzüge von Rechtsradikalen und sympathisierenden Gruppen, darunter auch Hooligans, gegen Ausländer und Linke gehören längst zur Tagesordnung. Am 13. Mai ziehen um ein Uhr nachts etwa 120 Jugendliche durch den Ostberliner Bezirk Lichtenberg, in dem für DDR-Verhältnisse viele Gastarbeiter wohnen, grölen ausländerfeindliche Parolen, werfen mit Flaschen und Steinen. Eine Woche zuvor hatte ein 400 Mann starker Rechtsradikalen-Trupp, bewaffnet mit meterlangen Pfählen, vor dem Wohnheim in der Hans-Loch-Straße auf Ausländer eingedroschen. Und in Nordhausen waren Ende April 1000 Rechtsradikale aus Ost und West, Nazi-Lieder krakeelend, durch die Innenstadt des Grenzortes marschiert, hatten Passanten beschimpft und sich mit der Volkspolizei eine Straßenschlacht geliefert.

Einen tiefen Einblick in die Denk- und Ausdrucksweise der Ost-Skins gewährt ein Brief, den die *Junge Welt* ausgerechnet unter der Rubrik „Humanes Forum" veröffentlicht. „Im Namen aller einsitzenden Glatzen des Jugendhauses Halle" schreiben die Verfasser, die sich „Naumann und Braun" nennen: „Wir sind zwei Knaster. Beide, knapp 19 Jahre alt, haben wir zwar keine Neger und Punks geklatscht, aber Schwule. Da wir beide Deutsche sind, können wir homosexuelle Personen nicht tolerieren. Immer mehr Ausländer überschwemmen Deutschland, vergewaltigen deutsche Frauen, doch das wird in den Medien totgeschwiegen. Über uns Skins wird gehetzt, wir werden gehaßt und gejagt. Trotz allem wird eine Glatze nie aufgeben, sich für ihre Ideale und Ziele einzusetzen."

In der Tat, der Kampf geht weiter. Ein paar typische Szenen aus der ehemaligen DDR im Oktober/November 1990, kurz nach der Vereinigung: Im thüringischen Rudolstadt schießen dreizehn Skinheads mit Luftdruck- und Schreckschußpistolen willkürlich auf Passanten, errichten mit Müllcontainern Straßensperren, zünden sie an und prügeln sich mit der Polizei. In Cottbus stürmen 20 Skins, „Deutschland den Deutschen" brüllend, die Gaststätte „Stadttor", schlagen ausländische Gäste mit Eisenrohren nieder, treten auf sie ein und beschießen sie mit Reizgas. In Guben randalieren 80 Nazi-Fahnen tragende Jugendliche vor einem Wohnheim für Mosambikaner, werfen mit Steinen die Fensterscheiben ein und setzen einen Kleinbus in Brand.

In Erfurt schrauben Rechtsradikale in einem Haus, in dem Angehörige der Sowjetarmee wohnen, den Haupthahn der Gasversorgung ab; wie durch ein Wunder wird der kriminelle Akt entdeckt, bevor es zu einer Explosion kommen kann. Mit dem Schlachtruf „Ihr roten Säue, jetzt knallen wir euch ab" überfallen 15 vermummte Skinheads einen Jugendclub im Ostberliner Stadtteil Marzahn und zertrümmern mit Eisenstangen das gesamte Mobiliar. Die Polizei erscheint erst, als die Skins längst über alle Berge sind – und herrscht die eingeschüchterten Clubbesucher an, mit erhobenen Händen herauszukommen. Völlig überfordert reagieren die Sicherheitskräfte auch am 3. November in Leipzig. Als es am Rande eines Fußballspiels zur Konfrontation mit anmarschierenden Hooligans und Skins kommt, feuert die Polizei wahllos in die Menge und tötet den 18jährigen Mike Polley aus Berlin.

Insgesamt 131 „Straftaten gegen Leben und Gesundheit von Personen sowie die öffentliche Sicherheit", die im Zeitraum zwischen Januar und November 1990 von „Sympathisanten, Unterstützern und Mitgliedern rechtsextremistischer Organisationen" begangen wurden, führt eine Aufstellung des Gemeinsamen Landeskriminalamtes (GLKA) für die neuen Bundesländer auf. Wohlgemerkt: Es handelt sich nur um jene Fälle, die von der Polizei aufgenommen wurden. Die Dunkelziffer dürfte ein Mehrfaches betragen. „Beispielsweise verzichten viele Ausländer aus Furcht vor Repressalien auf die Anzeige einer Straftat bei der Polizei", heißt es in einer Analyse des Bundes Deutscher Kriminalbeamter. Und manche Attacken will die Polizei auch gar nicht registrieren.

Die Gewalt eskaliert nicht nur quantitativ. „Die Überfälle und Schlägereien rechtsradikaler Jugendlicher werden immer brutaler", stellt Bernd Wagner, Leiter der GLKA-Extremismusabteilung, im November 1990 fest. „Wir stehen am Anfang einer Gewaltschwemme", prophezeit auch der Hannoveraner Soziologe Gunter Pilz. „Es wird verdroschen, was in den Weg kommt." Rund 1500 Rechtsradikale – Skins, Hools und lupenreine Neonazis – sind der ostdeutschen Kripo bis zu diesem Zeitpunkt allein durch Strafverfahren bekannt. Den Sympathisantenkreis schätzt Bernd Wagner „auf ein Mehrfaches". Man müsse „wohl von einer fünfstelligen Zahl ausgehen", Tendenz weiter steigend.

Experte Wagner bleibt ein ziemlich einsamer Mahner. Der

telefonbuchdicke Verfassungsschutzbericht für 1990, im Sommer 1991 veröffentlicht, widmet dem Kapitel „Rechtsextremismus in den neuen Bundesländern" gerade mal fünf Seiten. Der totgeschlagene Antonio Amadeu wird nicht einmal erwähnt. Immerhin ringen sich die Geheimdienstler die Einschätzung ab, daß im Osten Deutschlands „das militante Potential nationalistisch und rassistisch ausgerichteter Skinheads besonders groß und brutal" sei.

Ab Dezember 1990 kommen neue potentielle Opfer in die Ex-DDR. Laut Einigungsvertrag sollen die neuen Bundesländer – gemäß ihrem Bevölkerungsanteil – 20 Prozent aller in Deutschland Asyl begehrenden Ausländer aufnehmen. Eine Vereinbarung, gegen die sich ostdeutsche Politiker massiv wehren – nicht etwa, weil sie um das Leben der Flüchtlinge fürchten, sondern weil ihnen der organisatorische und finanzielle Aufwand zu groß ist. In vielen Gemeinden machen Einwohner gegen geplante Asylbewerberheime mobil. In Basdorf bei Berlin drohen Bürger sogar, Straßensperren zu errichten, falls bei ihnen ein „Asylantenlager" eingerichtet werde. Die brandenburgische Landesregierung gibt nach.

Binnen kürzester Zeit werden die Unterkünfte der Flüchtlinge zu einem beliebten Ziel von Rechtsradikalen. Im Februar 1991 beispielsweise knüppelt eine Gruppe Neonazis mit Holz- und Eisenprügeln auf die Bewohner eines Asylbewerberheimes in Leisnig ein. 60 Ausländer fliehen, teilweise nur mit Schlafanzügen bekleidet, in den nahen Wald. Dort bleiben sie die ganze Nacht. In den nächsten Tagen setzen sich einige von ihnen in die Gemeinschaftsunterkunft für Flüchtlinge ins hessische Schwalbach ab, werden aber wieder nach Sachsen zurückverfrachtet; die hessischen Behörden fürchten eine „Nachahmungsgefahr".

Nur wenige weitere Beispiele aus den folgenden Monaten: In Aschersleben wird ein Brandsatz durch das Fenster eines Asylbewerberheimes geschleudert; der Raum brennt aus. In

Magdeburg schießen 50 Rechtsradikale mit Schreckschuß-
munition auf Flüchtlinge und schlagen einen Araber krankenhausreif. In Ückermünde greifen über 30 Neonazis
Flüchtlingskinder an, besprühen sie mit Feuerlöschern und
bedrohen sie mit Gaspistolen; ein halbjähriges Baby kommt
mit Verdacht auf Gasvergiftung in die Klinik. In Spremberg
sengen 20 Vermummte ein Wohnheim für rumänische Asylbewerber nieder. Die Aufzählung ließe sich beliebig fortsetzen.

Allein nach Schwalbach fliehen bis Mitte September rund
400 Asylbewerber zurück, die im Osten von Rechtsradikalen attackiert wurden oder sich vor Überfällen fürchten. „In
der DDR", zitiert die *taz* eine Türkin, die sich mit ihrem
kranken Mann und ihren Söhnen aus Halberstadt absetzte,
„waren unsere Kinder dem Tode nahe. Es gab kein Telefon,
keine ärztliche Versorgung und keine Polizei. Unsere Kinder
kamen mit blutigen Gesichtern aus der Schule. Wir gehen
niemals dorthin zurück."

Angst essen Seele auf. „Ausländer, die so etwas erleben,
wagen nicht mehr, sich frei zu bewegen. Die leben im Dau-
erstreß", schildert der Arzt Jean Masumbuku, der eine
Beratungsstelle für Asylsuchende in Hamburg leitet, die
psychischen Folgen von Neonazi-Angriffen. Und Mitarbeiter des Psychosozialen Zentrums für ausländische Flüchtlinge in Frankfurt berichten, daß „immer mehr Asylbewerber an Selbstmord denken".

„Die Menschen wollten nicht warten, bis sie totgeschlagen
werden", begründet der Wurzener Pfarrer Jürgen Schneider,
warum er im August 30 Asylbewerber kurzerhand per Bus
aus der sächsischen Stadt zurück nach Hessen bringt. Die
Flüchtlinge waren nachts von Neonazis überfallen und mit
Schlagringen malträtiert worden; eine Schwangere hatten die
Rechtsradikalen krankenhausreif geschlagen. Der Dank des
einig Vaterland für die humanitäre Aktion ist ein Bußgeld-
bescheid des Landratsamtes Wurzen wegen „Verstoß gegen

Paragraph 20, Absatz 2 des Asylverfahrengesetzes" (Fluchthilfe in ein anderes Bundesland).

Deutsch-Wildost, Abteilung Schreibtischtaten.

Terror allerorten im Jahr eins der deutschen Einheit auch gegen andere Ausländer mit dunkler Hautfarbe. Nur vier besonders brutale Fälle seien erwähnt: In Wittenberge brechen 40 mit Messern und Gaspistolen bewaffnete Rechtsradikale in ein Wohnhaus ein und stoßen zwei Namibier von einem Balkon des vierten Stockes; einer erleidet mehrfache Beinbrüche, der andere liegt mit schweren inneren Verletzungen eine Woche im Koma. In Dresden schlagen zehn Neonazis eine im sechsten Monat schwangere Vietnamesin in deren Wohnung zusammen und schießen mit Gasrevolvern auf sie. In Blumenberg werfen Skinheads einen Rumänen aus einem fahrenden Zug. Und in Ost-Berlin wird ein Tourist aus der Mongolei von einem Dutzend Rechtsradikaler in der S-Bahn mit Messern attackiert und lebensgefährlich verletzt.

Daß es 1991 durch rechtsradikale Gewalttaten in Ostdeutschland nicht zahlreiche Tote gab, grenzt an ein Wunder. „Die Täter lassen erst dann von dem Menschen ab, wenn er sich nicht mehr bewegt", sagt der Berliner Kriminaldirektor Wolfgang Schinz, der dunkelhäutigen Menschen rät, nach Einbruch der Dunkelheit im Ostteil der Stadt nur noch in Begleitung Bekannter mit S- oder U-Bahn zu fahren. Denn auf Beistand anderer Mitfahrer können sie bei Attacken nicht hoffen. In der Regel, so Almut Berger, die Ausländerbeauftragte des Landes Brandenburg, werde „einfach zugesehen, wenn Menschen verprügelt werden". Und: „Ganz selbstverständlich wird davon ausgegangen, daß Ausländer weniger Rechte haben als Deutsche."

Ein bedrückendes Bild über das Leben als Ausländer in den neuen Bundesländern malt ein Israeli, der an der Ostberliner Humboldt-Universität studiert. „Man könnte einen Katalog all dessen zusammenstellen, was täglich passiert", sagt er. „Dabei zählen Beschimpfungen und Spucken gar nicht mehr dazu – sie gehören zum Alltag –, sondern Überfälle oder Angriffe. Beachtung findet nur noch Mord oder mindestens ein paar Wochen Krankenhaus."

„Einkaufen gehen wir nur noch zusammen. Allein ist es für meinen Mann zu gefährlich. Es sind ja nicht nur Neonazis, die Ausländer hassen, sondern auch solche mit Schlips und Kragen", berichtet auch Gabriele N., die mit einem Vietnamesen verheiratet ist, im Magazin *Extra* über ihre Erfahrungen in Ostdeutschland. „Ich kann ja viel einstecken. Auch, daß sie mich vor der Kaufhalle als ‚Fidschihure' beschimpfen, die man ‚gleich mit an die Wand stellen sollte'. Aber wenn sie meinen Kindern weh tun, fühle ich mich nur noch elend und hilflos."

Einmal kam Gabriele N. zufällig hinzu, als ihr sechsjähriger Sohn Duy-Linh auf dem Schulhof während der großen Pause immer wieder von älteren Schülern in die Büsche gestoßen und „Schlitzauge" genannt wurde. „Als ich den Schuldirektor daraufhin zur Rede stellte, wie so etwas in Anwesenheit von Lehrern vorkommen kann, zuckte er nur mit den Schultern. Einmal wurde unser Sohn auf dem Schulhof sogar mit einem Klappmesser bedroht. Wir wollen nur noch weg hier."

Deutsch-Wildost, Rassismus und Rechtsradikalismus pur. Wohlgemerkt: Alles hier Geschilderte ereignete sich vor der Hatz von Hoyerswerda, nach der – nun auch verstärkt wieder im Westen – die Welle der rassistischen Gewalttaten in Deutschland noch höher schwappte.

Gehetzt, geschlagen und verhöhnt werden 1991 auch die anderen „Feinde" der ostdeutschen Neonazis. In der Gedenkstätte des KZ Ravensbrück schmieren Skinheads Hetzparolen an die Wände; als ein Besucher – Arzt in West-Berlin – sie daran hindern will, wird er zusammengeschlagen. In Ost-Berlin-Mahlsdorf gehen 70 mit Gasdruckpistolen, Eisenstangen und Knüppeln ausgerüstete Rechtsradikale auf

die Besucher einer Homosexuellen-Fete los; Bilanz: mehrere Verletzte. Im Leipziger Stadtteil Connewitz wird ein
alternatives Wohnprojekt mehrfach von rechten Schläger-
trupps heimgesucht; Sachschäden und Verletzungen sind
regelmäßig die Folge. In Zeesen versuchen 50 zum Teil mas-
kierte Neonazis, darunter der Sohn der SPD-Bürgermeister-
in, mit Äxten, Vorschlaghämmern und Pflastersteinen ein
Schloß zu stürmen, in dem eine Gruppe alternativer Künstler wohnt; tags darauf feuern Unbekannte aus einem Auto
heraus zwei Schüsse aus einer Kalaschnikow ab, eine Kugel
durchschlägt den Arm eines jungen Mannes. In Halle bedrohen 20 Rechtsradikale Prostituierte mit Pistolen, prügeln auf
sie ein und zünden deren Wohnmobile an; zwei Frauen er-
leiden schwere Verletzungen. In Riesa attackieren Skinheads
mit Baseballschlägern Besucher und Musiker eines Punk-
Konzerts; der Sänger verliert zwei Zähne.

Auch dies ist nur ein kleiner Ausschnitt aus einer langen
Liste.

8. April 1991, ein paar Minuten nach Mitternacht. Die
Visapflicht für Polen ist gerade gefallen. „Serdeczie witany
we Frankfurcie nad Odra", steht auf dem Transparent, das
die zu SED-Zeiten so genannte „Brücke des Friedens" über-
spannt, die hier Deutschland mit Polen verbindet: Willkommen in Frankfurt an der Oder. Von wegen. Den Menschen
aus dem Nachbarstaat wird in diesem „historischen Moment" (Helmut Kohl) ein ziemlich heißer Empfang bereitet.

„Kein Pole kommt nach Deutschland", hatten Neonazis
schon Tage zuvor geprahlt. Jetzt versuchen 300 Rechtsradi-
kale, die Ankündigung wahrzumachen. Sie blockieren die
Fahrbahn und schreien die üblichen Parolen: „Deutschland
den Deutschen", „Polenschweine", „Juden raus". Eine
Stunde lang geht nichts. Als ein Reisebus mit Mitgliedern des
Sinfonieorchesters Gorzow die Grenze ansteuert, fliegen
Steine durch die Fenster, ein Mann und eine junge Frau

werden durch die Glassplitter verletzt. Andere Wagen werden mit Baseballkeulen attackiert, mit Knallkörpern beschossen und bespuckt. Die Polizei – 30 Mann schwach – steht daneben und wartet auf Verstärkung. Schaulustige feixen.

Der Beifall für die Rechtsradikalen kommt nicht von ungefähr. Schon zu DDR-Zeiten war das polnische „Brudervolk" verhaßt, wurden die „Polacken" als Faulenzer und Schieber geschmäht. Anfang der achtziger Jahre, als die Solidarnosc-Bewegung entstand, heizte die SED die antipolnische Stimmung bewußt an. Um ein Überschwappen des Protestes zu verhindern, schloß sie sogar die Grenze zu Polen. Und 1988 konnte ein Lied zum Hit in der DDR werden, das mit den Zeilen begann: „Vom Centrum-Warenhaus komm ich her, ich muß Euch sagen, die Regale sind leer. Überall auf den Stufen und Kanten sitzen Polen mit ihren Verwandten."

Ein ähnliches Bild wie in Frankfurt bietet sich am 8. April auch 40 Kilometer weiter südlich, in Guben. Dort können ganze 30 Neonazis mit einer Sitzblockade den Übergang über anderthalb Stunden lang geschlossen halten. Die Bilanz dieser Schreckensnacht entlang der deutsch-polnischen Grenze, einer Aufstellung des Bundesinnenministeriums zufolge: fünf verletzte polnische Staatsbürger, einer davon schwer, 33 Sachbeschädigungen, zwei Raubdelikte, ein ermittelter Täter.

Durch ihre Gleichgültigkeit, kritisiert die Berliner Ausländerbeauftragte Barbara John (CDU) später, habe sich die Polizei zu „Komplizen der Gewalttäter" gemacht. Und Lucina Leyko, Dezernentin für internationale Beziehungen in Slubice, urteilt: „An diesem Tag ist ein neues Kapitel des braunen Buches aufgeschlagen worden." Gewiß habe da nur eine eher kleine Gruppe ihr Unwesen getrieben, aber in den zwanziger Jahren habe es auch so angefangen.

Und so geht es in den neunziger Jahren weiter: mit Terror

gegen Polen, an der Grenze, auf der Straße, in Zügen. Sie werden beschimpft, bespuckt, geschlagen. Und Mordanschlägen ausgesetzt. Im Mai berichtet *Extra* über den Fall Wiesiaer Przywozny, der, auf der Autobahn von Berlin in Richtung Frankfurt/Oder fahrend, von einem Wagen mit deutschem Kennzeichen überholt wurde und einen Stein ins Seitenfenster geworfen bekam. Vor Schreck bremste der Pole so stark, daß das Auto ausbrach und sich mehrfach überschlug – Przywozny hatte Glück und blieb unverletzt.

Auch Dr. Krystyna Zielinska, stellvertretende Leiterin des Instituts für Pädagogik der Universität Poznan, die an einer Tagung im Oberharz teilgenommen hatte, wird im Oktober 1991 bei ihrer Rückfahrt auf gemeingefährliche Art attackiert – nur weil ihr Wagen ein polnisches Nummernschild hat. In einem Brief schildert Krystyna Zielinska die Vorfälle einem deutschen Kollegen: „Kurz nach Helmstedt, wo die Autobahn sehr schmal wird, umstellten mich drei Wagen voll von jungen Deutschen, mit Gesichtern und Reaktionen, die an die Filme der Kriegszeit erinnern – nur die Nazi-Uniformen fehlten. Sie herfielen gegen mein Auto von allen Seiten, versuchten, mich aus der Autobahn zu drängen, warfen auf mich Dosen und Müll, und alles mit wildem Haß, daß es nicht zu glauben ist. Ein Wagen hat mir die Stoßstange und eine Lampe zerschlagen. Wegen Staus sind wir alle langsam gefahren. Die Deutschen in anderen Wagen – ältere Leute – haben diese ganze Jagd gesehen, aber kein Mensch hat reagiert. Ich muß sagen, ich hatte tiefe Angst und fühlte mich bedroht. Nach ein paar Kilometern einer solchen Gewalt war die Autobahn nicht mehr so voll, die Autos fuhren schneller, zwei meiner Verfolger auch, aber der dritte Wagen warf in meine Richtung ein Ding, das unter meinem Motor explodierte und ihn beschädigte. Ich konnte nur noch ganz langsam fahren. Nach einiger Zeit fand ich einen Parkplatz, und dort (zum Glück) waren drei polnische Wagen. Ihre Besitzer hatten während der Reise ähnliche deutsch-polni-

sche Erlebnisse. Ein Auto war ohne Scheiben. Da kamen wir
uns miteinander zu Hilfe und formierten eine ‚polnische Wa-
genkolonne'. Unterwegs haben wir auch zwei polnische
verbrannte Wagen gesehen."

Was Krystyna Zielinska passierte, gehört zu der vermutlich großen Zahl rassistischer und rechtsradikaler Straftaten,
die keinen Eingang in die offizielle Statistik gefunden haben.
Die ist trotzdem verheerend genug. Bis Anfang Dezember
zählte das Kölner Bundesamt für Verfassungsschutz im Jahr
1991 insgesamt 1152 von Rechtsradikalen begangene Verbrechen, 790 davon seien in den neuen Bundesländern verübt
worden. Die Bundesregierung nennt in einer Antwort auf
eine parlamentarische Anfrage der PDS für denselben Zeitraum sogar eine fast doppelt so hohe Zahl. Danach gab es in
der Bundesrepublik bis zum 3. Dezember 2072 Straftaten,
die sich gegen Ausländer richteten, darunter 325 Brandan-
schläge und 188 tätliche Angriffe. In dieser Auflistung sind
neonazistische Überfälle auf Schwule und Linke nicht einmal enthalten. Und man darf getrost davon ausgehen, daß
auch die Zahl der ausländerfeindlichen Attacken weitaus
größer ist.

Daß die Landrätin des Kreises Zeulenroda in Thüringen,
Martina Schweinsberg, kurz nach Bekanntwerden obiger
Statistiken Asylbewerber in die Justizvollzugsanstalt Ho-
henleuben einweisen wollte, hatte allerdings einen anderen
Hintergrund. Angeblich waren im gesamten Landkreis
keine anderen Unterkünfte zu finden. Dabei hätte es doch
eine weitaus bessere Begründung für diesen menschenver-
achtenden Plan gegeben: Wie es aussieht, sind Gefängnisse
derzeit wirklich der einzige Ort, an dem sich Ausländer in
Deutschland ihres Lebens einigermaßen sicher sein können.

Jagdszenen in der Niederlausitz

„Es war ein allmählich fortschreitender Prozeß", sagte sie
und versuchte damit, mich langsam zu einem Verständnis
hinzuführen. „Vor fünfzehn Jahren erschienen die Schilder
an den Ortseingängen, offizielle Schilder, auf denen Juden
unerwünscht stand. So ein Schild gab es auf der Brücke,
die Sie da hinten sehen können, und andere an den
Straßen, die in die Stadt führen. Niemand protestierte
dagegen, und nach einigen Monaten sind nicht nur wir,
sondern auch die Juden, die in der Stadt lebten, an ihnen
vorübergegangen und haben nicht mehr wahrgenommen,
daß sie da standen. Erscheint es Ihnen unmöglich, daß so
etwas zivilisierten Menschen irgendwo passieren konnte?
Ich kann nur sagen, daß wir, wie Sie wissen, ein
zivilisiertes Volk mit Kultur sind, und daß dies tatsächlich
passiert ist. Und dann brannte eines Nachts im November
'38 die Synagoge der Stadt. Sie war von Männern in Zivil
angezündet worden, aber wir haben nie
herausbekommen, wer sie waren. Am nächsten Tag
blieben die Juden, die ich kannte, in ihren Häusern, und
niemand protestierte dagegen, keine Delegation sprach
sich beim Oberbürgermeister dagegen aus, und in unserer
Zeitung stand nicht eine Zeile darüber. Ja, eigentlich
wurde selbst unter uns sehr wenig darüber gesprochen.
Am nächsten Tag saß ich in der Straßenbahn, und als wir
an den schwelenden Ruinen der Synagoge vorbeifuhren,
sagte jemand in der Bahn: ‚Heute schäme ich mich, daß
ich Deutscher bin', und, es war eigenartig, aber keiner
von uns drehte den Kopf zu der Person, die das gesagt
hatte, und genauso drehte keiner von uns den Kopf nach
den rauchenden Ruinen um, als wir an ihnen vorbei
waren. Es gab gewisse Dinge, die man besser nicht hörte
oder sah. Zwei Nächte später begannen sie damit, die
jüdische Bevölkerung zusammenzutreiben."
Kay Boyle, Der rauchende Berg

Der Empfang ist freundlich. Am Ortseingang verkündet ein angegammeltes Holzschild dem Besucher: „Willkommen in Hoyerswerda".

Nun denn: Willkommen. Willkommen in der Hauptstadt des Ausländerhasses, wo – wie *Spiegel*-Reporter Matthias Matussek notierte – „der häßliche Deutsche sein Coming-Out" erlebte: intolerant, rassistisch, nationalistisch und brutal.

Willkommen in der Niederlausitz, wo kurz vor dem ersten Jahrestag der deutschen Einheit Rechtsradikale, frenetisch angefeuert von großen Teilen der Bevölkerung, von Erwachsenen ebenso wie von Kindern, „das erste Pogrom seit 1945" (so der stellvertretende hessische Ministerpräsident Joschka Fischer) veranstalteten und damit eine bislang beispiellose Hatz auf Ausländer in der ganzen Bundesrepublik auslösten.

Willkommen in der ersten unter untätiger Mithilfe von Politikern „ausländerfrei" geprügelten Kommune Deutschlands, die einmal – es ist noch nicht sehr lange her – den Ehrentitel „sozialistische Stadt" trug.

Willkommen also in jenem Ort, den die Schriftstellerin Brigitte Reimann bereits vor über zwei Jahrzehnten als „das Letzte" beschrieb, als „Geißel Gottes". In dem es – wie es in ihrem Roman „Franziska Linkerhand" heißt – Abende gibt, „an denen die Luft knistert", an denen eine Spannung entsteht, „die mir bange macht wie nahendes Gewitter", an denen man spürt, „es bereitet sich was vor". Und in dem man solche Szenen beobachten kann: „Vorgestern, am hellichten Nachmittag, haben sie vor der Kneipe im Wk 3 einen Jungen fertiggemacht. Vier gegen einen, und ein Dutzend Leute hat zugesehen."

„Wk" steht für Wohnkomplex. So heißen in Hoyerswerda die Stadtteile. Das sagt schon alles. Denn Hoyerswerda an der Schwarzen Elster ist keine Stadt, es ist ein Produkt, nicht gewachsen, sondern am Reißbrett entworfen. Planquadra-

tisch, praktisch, öde: schnurgerade Straßen, an denen entlang sechs- und elfgeschossige in Plattenbauweise errichtete
Häuser wuchern, in nichts, nicht einmal am Anstrich von-
einander zu unterscheiden. Ein gigantischer Verschlag für
70 000 Menschen, Mitte der fünfziger Jahre um das alte Dorf,
das bis dahin 7000 Einwohner zählte, herum aus dem Boden
gestampft als Schlafstadt für die Arbeiter des Braunkohle-
Kombinats „Schwarze Pumpe“.

Solche Verhältnisse, es ist eine Binsenweisheit, können
gewalttätig machen; sie müssen es aber nicht zwangsläufig.
Sie können sicher auch manches von dem erklären, was im
September 1991 geschah, keineswegs aber alles. Und vor
allem: Sie entschuldigen nichts.

Die Menschen zogen nicht einmal ungern in diese Tri-
stesse. Die Wohnungen gehörten zu den modernsten, die die
DDR zu bieten hatte, mit Bädern statt Außenklos und mit
Zentralheizungen statt Kohleöfen. Im „Konsum“ und im
„Centrum“ gab es häufig ganz offiziell Lebensmittel und
andere Produkte zu kaufen, die andernorts allenfalls als
„Bückware“ gegen Devisen oder gar nicht zu bekommen
waren. Und die im Schichtsystem geleistete Maloche wurde
bestens bezahlt: Sämtliche Zulagen eingerechnet, kamen
viele Bergarbeiterfamilien auf Monatseinkommen zwischen
3000 und 4000 Mark – das Vierfache eines DDR-Durch-
schnittslohns.

Und trotzdem entwickelten sich Neid und Haß, nachdem
das Fremde über Hoyerswerda hereingebrochen war. Das
Fremde kam Anfang der achtziger Jahre, zunächst in Gestalt
einiger Dutzend Mosambikaner, die im Rahmen eines Re-
gierungsabkommens zwischen der DDR und Mosambik für
jeweils fünf Jahre ins Land geholt worden waren. Das Ab-
kommen basierte auf einem im Februar 1979 zwischen den
beiden Staaten geschlossenen Freundschaftsvertrag – ähnliche Kontrakte gab es unter anderem auch mit den „sozialistischen Bruderrepubliken“ Angola, Kuba und Vietnam –,

der „den Idealen des Kampfes gegen den Imperialismus, Kolonialismus, Neokolonialismus, Rassismus und Apartheid" verpflichtet sein sollte.

Wie dieser Kampf gegen Rassismus und Apartheid in der DDR-Praxis aussah, war exemplarisch tagtäglich auch in Hoyerswerda zu besichtigen. Die Schwarzafrikaner wurden nicht integriert, sondern in Wohnheime gepfercht, ebenso die etwas später hinzukommenden Vietnamesen. Mindestens fünf Quadratmeter, so hatte es der DDR-Ministerrat angeordnet, sollten jedem Gastarbeiter zustehen – dabei blieb es meist auch. Selbst Ehepartner mußten ihr Zimmer oft mit anderen Menschen teilen. Frauen, die schwanger wurden, schob die DDR sofort wieder ins Heimatland ab. Die Regeln, denen die Ausländer in den Wohnheimen unterworfen waren und über deren Einhaltung ein tugendhafter deutscher Pförtner wachte, hätten von einer frühen Jugendherbergsordnung abgeschrieben sein können: Um 22 Uhr mußte das Licht ausgeschaltet sein, Damenbesuch war strengstens verboten.

„Das ist Rassentrennung, was ihr da macht", beschwerte sich Ernesto Melice, der Beauftragte für die Belange der Mosambikaner, häufig genug bei DDR-Offiziellen. Die Antwort war immer gleich: Achselzucken.

Die Situation am Arbeitsplatz war auch nicht besser. Die Gastarbeiter wurden häufig nicht gemäß ihrer Qualifikation eingesetzt und entlohnt, sondern mußten – die türkischen Müllmänner aus der Bundesrepublik lassen grüßen – jene Arbeiten verrichten, zu denen die Ostdeutschen keine Lust hatten. Ein Teil ihres Lohnes wurde einbehalten und erst nach der Rückkehr ins Heimatland ausbezahlt oder gleich an die entsprechende Regierung überwiesen.

Trotz alledem setzte sich in den Köpfen der Deutschen schnell das Vorurteil fest: „Denen wird doch nur Zucker in den Arsch geblasen." Und Gerüchte machten in Hoyerswerda die Runde. Das Gerücht zum Beispiel, die ausländischen Arbeiter würden in Devisen bezahlt und könnten sich alles leisten, vor allem schicke Westklamotten aus den Intershops. Daß sie die tatsächlich hatten und damit auch in Hoyerswerda handelten, verdankten einige Vietnamesen und Mosambikaner jedoch allein ihrer größeren Cleverneß: Wann immer es ging, fuhren sie nach Berlin, in die Hauptstadt der DDR, um dort ihr Ostgeld bei Besuchern aus dem Westen schwarz zu tauschen.

Und dann das Gerücht, die Schwarzen würden ständig deutsche Frauen anmachen und vergewaltigen. Durch nichts zu belegen und doch immer wieder verbreitet. Da reagierte der weiße Sexualneidhammel seinen Frust ab. Denn die Mosambikaner hatten Schlag bei vielen einheimischen Frauen. Weil sie auch nach der harten Maloche gut drauf waren, offenkundig Spaß am Leben hatten und viel lachten. Weil sie sich geschmeidig bewegen konnten. Weil sie höflich waren und großzügig, höflicher und großzügiger jedenfalls als der vermuffte Durchschnittsdeutsche.

Natürlich gab es auch begründete Anlässe, sich aufzuregen. Nicht über die Vietnamesen; die verkrochen sich nach der Arbeit meist in ihre Kabuffs, waren unauffällig und leise. Die Afrikaner dagegen liebten es laut, lauter jedenfalls als ihre deutschen Nachbarn, die sich durch die „Negermusik" und das „Affengeschrei" gestört fühlten. Und die es aufregte, daß sich die Afrikaner im Sommer lieber vor dem Haus aufhielten als in ihren engen Buden. Und ganz so preußisch ordnungssüchtig waren sie eben auch nicht.

Mit all dem hätte man aber leben können. Wenn man gewollt hätte. In Hoyerswerda – wie in den meisten anderen Orten in der DDR – aber wollte man nicht. Scheiß auf die Völkerfreundschaft.

Schon zu DDR-Zeiten wurden die Schwarzen in Kneipen, wenn überhaupt, meist unfreundlich bedient, auf der Straße und in Geschäften häufig genug angepöbelt. Und im Betrieb, vor allem in den Braunkohlegruben, gingen Deutsche und

Mosambikaner in unschöner Regelmäßigkeit aufeinander los; manche Prügeleien endeten mit Krankenhausaufenthalten. Daß das allgemeine rassistische Brodeln trotzdem eher unter der Oberfläche blieb, ist eines der wenigen Verdienste des Obrigkeitsstaates DDR.

Dann kam die Wende.

Hoyerswerda, 1. Mai 1990. Die Stadt feiert den „Tag der Arbeit", zum ersten Mal seit 40 Jahren ohne die Pomp-Parade der SED. Von einer Privatfete zieht eine Horde Jugendlicher in Springerstiefeln und Bomberjacken am Nachmittag auf den Rummelplatz, um ihn „negerfrei" zu machen. Sie gehen auf den ersten Mosambikaner los, den sie treffen. Der Mann muß mit schweren Kopfverletzungen in die Klinik eingeliefert werden. In Hoyerswerda kann das fast schon unter der Rubrik „alltäglich" abgebucht werden: Allein im April notierte die Polizei 14 von deutschen Jugendlichen provozierte Auseinandersetzungen mit Ausländern – und das ist nur die offiziell bekannte Zahl.

Die Nachricht von dem brutalen Überfall macht bald auch im Ausländerwohnheim in der Albert-Schweitzer-Straße die Runde. Und diesmal beschließen die Schwarzen, sich zu wehren. 50 aufgebrachte Mosambikaner marschieren, zum Teil mit Stöcken bewaffnet, zum nahe gelegenen Rummelplatz. Dort liefern sie sich mit rund 200 Deutschen – beileibe nicht nur Skinheads – eine blutige Schlägerei.

Die Bambule geht auch weiter, nachdem sich die Afrikaner vor der Übermacht in ihr Wohnheim zurückgezogen und verbarrikadiert haben. Vor allem Jugendliche bewerfen Haus und Balkons mit Steinen, 30 Scheiben gehen zu Bruch. Über 1000 Schaulustige haben sich inzwischen versammelt und feuern die Angreifer an: „Macht sie fertig, die schwarzen Säue!" Die Randale endet erst, als die Volkspolizei mit Schäferhunden anrückt. Am nächsten Tag erklärt Vopo-Sprecher Peter Bergmann: „Wir gehen davon aus, daß es solche Vorkommnisse verstärkt geben wird."

Der Mann behält recht. In Hoyerswerda sind Ausländer in den folgenden Monaten kaum noch ihres Lebens sicher. Und in diese Stadt, in der der rechtsradikale Mob fast ungehindert wütet, werden seit Anfang des Jahres 1991 weitere Fremde gebracht: Asylbewerber vor allem aus Rumänien, der Türkei, Kamerun und Ghana. Sie erhalten Quartier in den Häusern 13 bis 17 der Thomas-Müntzer-Straße. Und sie erfahren bald, was sie in Hoyerswerda sind: „Tiere", „Viecher" – Freiwild, auf das Jagd gemacht werden darf.

Es sind Menschen wie der 31jährige Edmond Bayele, der in Ghana als Oppositioneller eingekerkert war und über die Elfenbeinküste und den Niger nach Deutschland fliehen konnte. Oder wie der 25jährige Vietnamese Hiep Duc Nguyen, der aus Furcht vor der kommunistischen Armee seines Heimatlandes in Frankfurt/Main um Asyl gebeten hatte. Als sie im Mai in Hoyerswerda ankommen, berichten ihnen die anderen aus dem Wohnheim sofort von nächtlichen Attakken. Die beiden Neuen wollen es zunächst nicht glauben, werden aber schnell eines Schlechteren belehrt.

Hiep Duc Nguyen wird in den nächsten Wochen beim Einkaufen übel beschimpft, andere Asylbewerber werden mit Leuchtspurmunition beschossen, Molotowcocktails und Steine fliegen auf die Unterkunft. Die Flüchtlinge trauen sich kaum noch aus dem Haus. „Wir konnten nicht mal in die Kirche gehen", berichtet ein Ghanaer, „wir haben von Anfang an wie Gefangene gelebt."

Die Angst, die sie aus ihren Heimatländern getrieben hat, in Hoyerswerda kehrt sie wieder: die Angst vor Verfolgung, die Angst um ihr Leben. Am 18. Juli alarmiert Wolfgang Schmitz, der Landrat des Kreises Hoyerswerda, endlich seinen christdemokratischen Parteifreund, den sächsischen Ministerpräsidenten Kurt Biedenkopf, in einem Brief, daß die Sicherheit der Asylbewerber nicht mehr gewährleistet sei, die Polizei der Situation nicht Herr werden könne. Die Reaktion des Regierungschefs: Schweigen.

Und dann kommt der 17. September 1991, einer dieser Tage, an denen die Luft knistert, an denen man spürt, es bereitet sich etwas vor. Zunächst einmal passiert an diesem Dienstag für Hoyerswerda nichts allzu Ungewöhnliches: In der Altstadt überfallen acht Skinheads vietnamesische Straßenhändler, prügeln ein bißchen auf die Ausländer ein, bis die Polizei eintrifft und die Rechtsradikalen vertreibt. Die ziehen daraufhin in die Albert-Schweitzer-Straße und werfen mit Steinen systematisch die Fenster des Gastarbeiter-Wohnheims ein. Und wieder, man kennt das mittlerweile, begleiten die deutschen Nachbarn die Angriffe mit freudigem Gejohle und Anfeuerungsrufen.

Im *Neuen Deutschland* schilderte später eine junge Deutsche, die sich im Wohnheim aufhielt, das Geschehen: „Die Polizei tat – außer das Viertel abzuriegeln – stundenlang nichts. Betreuer und Pförtner verkrochen sich vor Angst unter den Betten. Da sind die Mosambikaner auf die Straße gegangen, um sie und sich zu verteidigen, kämpften gegen die angreifenden Skins. Gewalt gegen Gewalt. Das ist alles nicht mehr normal."

Der braune Spuk endet erst spät in der Nacht – und geht am nächsten Nachmittag weiter. Wieder ziehen Rechtsradikale vor das Heim, wieder fliegen Steine, später auch Brandbomben, und wenn ein Ausländer dem Mob in die Hände fällt, wird er verprügelt. Und wieder steht die Polizei hilflos dabei.

Danach wird die Ausländerhatz in Hoyerswerda zum täglichen Ritual. Aus Dresden und anderen Städten reisen Rechtsradikale zur Unterstützung der einheimischen Gesinnungsgenossen an. Und die tapferen Bürger und Bürgerinnen feiern ein völkisches Fest. Nach Feierabend ziehen Hunderte, mit Bierbüchsen und Kaffeekannen bewehrt, teilweise Kleinkinder auf den Armen haltend, in die Albert-Schweitzer-Straße, um die angreifende Meute moralisch zu unterstützen. Sie klatschen rhythmisch in die Hände, brüllen im Chor „Ausländer raus" und „Deutschland den Deutschen".

Es ist der ganz normale Biedermann, der früher brav für die SED gestimmt und ansonsten das Maul gehalten hat und mittlerweile vermutlich CDU oder SPD wählt, der nun die rassistische Sau rausläßt. Ein paar typische Stimmen: „Wenn nicht soviel Polizei da wäre, würden noch viel mehr Leute mit den Skins gegen die Ausländer demonstrieren. Wenn die die Grenze nicht richtig bewachen können, sollen sie einen Zaun errichten oder von mir aus auch eine Mauer", sagt eine Frau, Anfang 20.

„Den Negern muß man Feuer unterm Hintern machen, damit sie schnell wieder verschwinden", sagt ein Mann, der die Rechtsradikalen mit Benzin für ihre Molotowcocktails versorgt.

„Warum bringt denen keiner bei, sich unter deutsche Ordnung unterzuordnen? Im Prinzip ist das richtig, was die Jugendlichen machen. Solange die Polizei nicht die Deutschen prügelt, ist die Polizei in Ordnung", sagt eine Frau.

„Ich bin auch gegen diese Kanacken. Diesen Randalierern gehören aber auch ein paar hinter die Löffel. Jetzt kann uns nur noch die SS retten. Die würde wenigstens richtig reinhauen", sagt ein Fünfzigjähriger.

Heil Hitler!

Es gibt, das soll nicht verschwiegen werden, auch andere, besonnene Stimmen. Es gibt Menschen, die sich für ihre Mitbürger schämen. Aber Gehör können sie sich nicht verschaffen. Und der Rest, es kommt einem sehr bekannt vor, schweigt. Es ist ein beredtes Schweigen.

Am vierten Pogrom-Abend ist die Polizei mit drei Hundertschaften angerückt. Es gelingt den Einsatzkräften zunächst, den Platz vor dem Ausländerwohnheim zu räumen. Doch kurz darauf rücken die Rechtsradikalen, mittlerweile weit über 100 Mann stark, wieder vor, werfen mit Stahlkugeln und herausgerissenen Gehwegplatten auf das Haus und die Polizei. Schließlich verlagert sich das Geschehen in die Thomas-Müntzer-Straße, vor die Unterkünfte der Asylbewerber, die sich seit Dienstag verbarrikadiert, die Straße auch am Tag nicht mehr betreten haben.

Bevor die Polizei hier eintrifft, haben bereits ein halbes Hundert Rechtsradikale Brandbomben und Feuerwerkskörper auf die fünf Häuser abgeschossen – daß kein Feuer ausbricht, ist reines Glück. Und auch hier begleiten Nachbarn die Hatz mit Klatschen und „Ausländer-raus"-Geschrei. Am Samstag und Sonntag geht es genauso weiter. Feierabendvergnügen Fremdenjagd. Und von Tag zu Tag wird die Gruppe der „Deutschland-den-Deutschen"-Dumpfnickel größer. Am Rande drückt sich auch Werner Treumann herum, der Leiter des Flüchtlingsheimes. Es müsse, sagt er, ja niemand wissen, „daß ich hier arbeite, sonst gelte ich noch als Negerfreund". Die Angst steht ihm ins Gesicht geschrieben, die Angst um sein eigenes Wohlergehen.

Am Wochenende setzt die Polizei Wasserwerfer und Reizgas ein, um die Rechtsradikalen zu vertreiben. Hubschrauber des Bundesgrenzschutzes kreisen über dem Wohngebiet. Ein Bürgerkriegs-Szenario. Am Sonntag werden 32 Neonazis festgenommen – vorübergehend. Die Polizei beschlagnahmt ein mörderisches Waffenarsenal: Totschläger, Stichwaffen, Stahlkugelschleudern, Schreckschuß- und Luftdruckpistolen.

Sechs Tage im September, sechs Tage, in denen sich kaum jemand um die attackierten Flüchtlinge und Gastarbeiter kümmert. Kein Politiker, weder aus Hoyerswerda noch aus dem Land Sachsen, läßt von sich sehen oder hören. Lediglich der für Sicherheit zuständige sächsische Innenminister Rudolf Krause läßt eine Stellungnahme verbreiten, die an Zynismus kaum zu überbieten ist. „Absolute Sicherheit für die Ausländer", so der Christdemokrat, „gibt es nicht. Die verlassen ja auch das Heim, und dann können wir sie nicht

schützen." Außerdem rät er, doch Zäune um die Unter-
künfte zu errichten. Hat da jemand was von Schutzhaft und
Konzentrationslager gemurmelt? Pfui! Krause muß wenig
später übrigens zurücktreten, aber keineswegs wegen seines
Versagens in Sachen Rechtsradikalismus, sondern weil er im
Verdacht steht, für die Stasi gespitzelt zu haben.

Erst am Sonntag, als die Situation längst unbeherrschbar
geworden ist, handeln die Politiker – auf fatale Weise. Der
Rechtsstaat kapituliert, gibt den Forderungen der „Ausländer-raus"-Schreier nach, tut genau das, was die Rechtsradikalen verlangen: Die Fremden werden aus der Stadt geschafft. Die Arbeitsverträge der Gastarbeiter laufen ohnehin
aus; die 160 in Hoyerswerda lebenden Mosambikaner und
Vietnamesen werden deshalb nach und nach bis Jahresende
die Stadt verlassen. Das trifft sich gut. Für die 230 Flüchtlinge aber vereinbaren die wackeren Kommunalpolitiker mit
Innenminister Krause folgendes: „In der nächsten Zeit erfolgt eine Herauslösung der Bewohner aus dem Asylantenheim Thomas-Müntzer-Straße." Lösung, Herauslösung,
Endlösung – es ist das Elend der deutschen Sprache, daß sie
so verräterisch ist...

Die „Herauslösung" erfolgt bereits am nächsten Tag.
Montag, der 23. September 1991. Der Exodus beginnt. Mit
Bussen – das Ziel ist ihnen unbekannt – flüchten die Flüchtlinge, ihre wenigen Habseligkeiten unter den Arm ge-
klemmt, vor den Augen einer freudekreischenden Menge,
die es geschafft hat: Hoyerswerda wird die erste „ausländer-
freie" Stadt Deutschlands. „Das", zitiert die *Frankfurter
Rundschau* einen Anwohner, „macht Schule. Das wird
Schule machen."

Und noch mal fliegen Steine, diesmal auf die Busse. Eine
Scheibe klirrt, dem Vietnamesen Tam Le Thanh fliegen Splitter ins Gesicht und in die Augen. Über die Irrfahrt des Trecks
berichtet *Spiegel*-Schreiber Matthias Matussek: „Wo immer
ein später Kneipenbesucher in den verschlafenen Dörfern

am Straßenrand steht, grüßt er die Busse mit dem Mittelfinger."

Juda verrecke!

Kurz nach 19 Uhr, die ersten Wagen sind schon weg, dreht in Hoyerswerda ein total verängstigter Asylbewerber durch. Im Haus Nummer 14 der Thomas-Müntzer-Straße reißt er ein Fenster im vierten Stock auf, schwingt sich auf den Sims und droht, sich hinunterzustürzen. Aus der Meute der Schaulustigen schallt es: „Spring doch, los, spring doch!" Und: „Feigling, Feigling!" Zwei Mitbewohnern gelingt es schließlich, den Mann ins Zimmer zu zerren.

Eine Woche später veröffentlicht die *Süddeutsche Zeitung* einen Bericht über erste Ergebnisse der Staatsanwaltschaft Dresden. Diese ermittle im Zusammenhang mit den Ausschreitungen in Hoyerswerda gegen 46 Rechtsradikale im Alter von 15 bis 25 Jahren. In Untersuchungshaft säßen drei Rädelsführer. Die Beschuldigten seien „geständig, aber nicht schuldeinsichtig" und sähen ihre Aktion als „berechtigt" an. Der „radikale Kern", sagt Oberstaatsanwalt Jörg Schwalm, sei relativ klein: „Die Masse reagiert lediglich Frust ab."

Das sieht auch der sächsische Ministerpräsident so. Die Sachsen, verkündet Kurt Biedenkopf in einem Radiointerview, seien nicht ausländerfeindlicher als andere. Auch die Bürger von Hoyerswerda nicht.

Wohl wahr, wie sich sehr schnell zeigt. Eine Umfrage des Bielefelder Emnid-Instituts erbringt bestürzende Resultate: Jeder dritte Bundesbürger – 38 Prozent der Westdeutschen und 21 Prozent der Ostdeutschen – zeigt „Verständnis" für die „rechtsradikalen Tendenzen", die das „Ausländerproblem" hervorgerufen habe. Und die rechte Szene im ganzen Land begreift die Hasenfüßigkeit der sächsischen Politiker als Signal zum Zuschlagen. In den Tagen und Wochen nach Hoyerswerda brennen Flüchtlingsheime in fast allen Bundesländern, werden allerorten Ausländer gehetzt. Warum sollte, was in der Niederlausitz gelang, nicht auch anderswo möglich sein: Ausländerpolitik auf die eigene und mit der eigenen Faust zu machen?

Nur ein paar Schreckensnachrichten vom Wochenende nach Hoyerswerda, vom 28. und 29. September 1991: In Lünen (Westfalen) werfen Rechtsradikale Steine auf ein Containerdorf für Asylbewerber, verletzen ein Kind; in Issum (Niederrhein), Steinhagen (Westfalen) und Burgwedel bei Hannover fliegen Brandsätze auf Flüchtlingsunterkünfte; in Weißenfels (Sachsen-Anhalt) und Pätz (Brandenburg) belagern jeweils zwischen zehn und fünfzehn Neonazis Asylbewerberheime, schießen mit Schreckschußpistolen und zünden Feuerwerkskörper; in Altenow (Sachsen) und Marl (Westfalen) gehen bei Anschlägen auf Ausländerwohnungen Fensterscheiben zu Bruch; im westfälischen Datteln werden in einer von Asylbewerbern bewohnten Schule Wäsche und Möbel angezündet; in Cottbus greifen Rechtsradikale in der Innenstadt Passanten an, stechen einen mit dem Messer nieder.

Wie gesagt: Nur einige Beispiele eines einzigen Wochenendes. Und es geht weiter so, Tag für Tag, Woche für Woche.

In dieser Zeit urteilt das Oberverwaltungsgericht Münster, daß Asylbewerber aus Nordrhein-Westfalen fortan nicht mehr nach Sachsen verfrachtet werden dürfen, weil deren Sicherheit dort nicht mehr gewährleistet werden könne. Die Situation in Sachsen, heißt es in dem Gerichtsbeschluß, sei gekennzeichnet „durch ein ausländerfeindliches verbrecherisches Gewaltpotential wie etwa der bandenmäßigen Zusammenrottung von Skinheads und Hooligans, die im Wege der Lynchjustiz ihren Vorstellungen von Ausländerpolitik Geltung zu schaffen suchen".

Es gibt also noch Richter in Deutschland. Und trotzdem verkommt das gutgemeinte, humane Urteil zum Witz. Denn Flüchtlinge sind zu diesem Zeitpunkt nirgendwo mehr sicher, schon gar nicht in Nordrhein-Westfalen. In der Nacht zum Tag der deutschen Einheit, in der Nacht vom 2. auf den 3. Oktober, werfen drei Jugendliche im niederrheinischen Hünxe Molotowcocktails durch die Fenster eines Ausländerwohnheimes. In einem Feuerball von 1500 Grad explodieren die Brandsätze in einem Zimmer, in dem vier libanesische Mädchen schlafen. Sofort fängt das Bettzeug Feuer. Die sechsjährige Mogade erleidet schwere, ihre achtjährige Schwester Zeynap schwerste Verbrennungen: Rücken, Arme, Beine und Po sind bis auf die Knochen verbrannt; in vier Operationen wird ihr Leben gerettet.

Im Verhör berufen sich die Täter, darunter ein stadtbekannter Neonazi, der Hakenkreuz-Zettel für die Freiheitliche Deutsche Arbeiterpartei (FAP) klebte, ausdrücklich auf das Vorbild Hoyerswerda, dem sie nacheifern wollten.

„Ein Jahr nach der Vereinigung, so scheint es", kommentiert die *Zeit* am 11. Oktober, „haben sich Deutsche in Ost und West wenigstens in einer Parole wiedergefunden: Ausländer raus. In der vereinten Republik droht der demokratische GAU."

Willkommen in Hoyerswerda, das in diesem Herbst überall liegt, nicht nur in der Niederlausitz.

Die Angst der braven Bürger von Dahlem

Nach den Pogromen von Hoyerswerda wurde Bundeskanzler Kohl nicht müde zu betonen, daß die Bundesrepublik ein „ausländerfreundliches" Land sei. Werfen wir also einen Blick auf Dahlem, einen wenige Quadratkilometer großen Teil Deutschlands, der auf untypische Weise doch sehr typisch ist für dieses Land.

In Dahlem haben es sich die Berliner Neureichen gemütlich gemacht, jene Spezies Mensch, die es geschafft hat und nun ihren gesellschaftlichen Status nach Igel-Manier verteidigt: einrollen und die Stacheln stellen.

Hier im Berliner Grunewald tragen die Straßen Namen wie „Vogelsang", reiht sich Villa an Villa, Park an Vorgarten. Die Bewohner sind zum großen Teil Selbständige oder Beamte in hohen Positionen. Ihren Besitz schützen sie mit Gitterzäunen, Videoüberwachung und Alarmanlagen gegen Eindringlinge und Einbrecher.

Ende September brechen Menschen in diese Idylle ein, mit denen die meisten Dahlemer Bürger noch nie etwas zu tun hatten und mit denen sie auch nichts zu tun haben wollen: 48 Asylbewerber aus Angola, Äthiopien, Bangladesh und Ghana, die nach der Flucht aus ihren Heimatländern gerade zum zweiten Mal vor Peinigern fliehen mußten – aus Hoyerswerda.

Im Haus Hirschsprung 35, der nun im Besitz der Evangelischen Landeskirche befindlichen Villa des verstorbenen Berliner Altbischofs Kurt Scharf, bekommen sie Obdach. Eine „Berliner Koalition der autonomen Flüchtlingsgruppen", bestehend vor allem aus Kreuzberger Autonomen, betreut die Asylbewerber, organisiert Mahnwachen und Spenden. Am 3. Oktober, dem Tag der deutschen Einheit, bitten zwei Dahlemer Pastoren ihre Gemeindemitglieder in einem Rundschreiben, das „stellvertretende Kirchenasyl" zu unterstützen und damit der wachsenden Ausländerfeindlichkeit entgegenzuwirken.

Die Gottesleute kennen ihre Schäfchen offenbar schlecht. Denn die angeschriebenen „Christen und Demokraten" reagieren auf ihre Weise. Sie gründen eine „Initiative zur Verhütung des Rechtsextremismus", deren einziges Ziel die Wiedervertreibung der Flüchtlinge aus dem feinen Dahlem ist. Ihre Argumentation: Durch die Anwesenheit der illegal ins Viertel gekommenen „sogenannten Asylbewerber" und ihrer Kreuzberger Beschützer werde „bewußt in Kauf genommen, ein Wohnviertel neonazistischen Gewaltaktionen auszusetzen". Ein Anwohner allerdings will dem kirchlichen Spendenaufruf folgen: Er bietet eine hohe Geldsumme für die Asylbewerber an – wenn sie verschwinden.

Hinter der Dahlemer Bürgerwehr-Initiative, die schnell über 50 Anwohner hinter sich versammeln kann, stecken vor allem Werner Tratzsch, Vizepräsident der Landeszentralbank im Ruhestand, und eine russische Emigrantenfamilie, die in den siebziger Jahren aus der Sowjetunion ausgewandert ist und nun direkt neben der „Asylanten-Villa" in einem Backsteinbau logiert. Die Ex-Flüchtlinge fürchten eine „Wertminderung" ihres Hauses durch die Nachbarschaft der Asylbewerber, die – wie die *taz* ein Familienmitglied zitiert – den ganzen Tag auf der Veranda oder im Garten lärmten: „Die gehören hier nicht hin. Man kann sie in Westdeutschland ansiedeln, wo Platz ist, aber hier gehören sie nicht hin."

Auch bei einer Straßenumfrage bekommt die *taz*-Reporterin von den gutsituierten Dahlemern sattsam bekannte Töne zu hören: „‚Man traut sich ja nicht mehr auf die Straße, wo die Neger da sind.' Warum nicht? ‚Na, also hören Sie mal...' Mit erbostem Schnauben hält die Spaziergängerin sich an der Hundeleine fest, an deren anderem Ende ein Dackel schnuppernd zerrt. Ihr Argument: ‚Daß die so schwarz sind...' Gegen Ausländer habe sie nichts, im Gegenteil. Sie spreche fünf Sprachen und sei schon durch die ganze Welt gereist. Dabei habe sie sich ein Bild gemacht: ‚Die auf den Philippinen sind frech, die Afrikaner arbeiten nicht, die Moslems waschen sich nicht...' Eine andere Bürgerin erklärt unverhohlen: ‚Jetzt haben wir das Gesocks vor der Tür.'"

Rassismus in Reinform. Ex-Banker Tratzsch („Ich bin ein deutscher Patriot") drückt sich zwar gewählter aus, meint aber dasselbe: Ausländer raus. In einem von ihm verfaßten Protestbrief der „Initiative zur Verhütung des Rechtsextremismus", der unter anderem an den Berliner Innensenator Dieter Heckelmann adressiert ist, fordert Tratzsch, „auch einmal die legitimen Interessen der deutschen Bevölkerung" zu berücksichtigen. So stelle die Kirche „eine Villa, die Millionenwert hat, Asylanten zur Verfügung", habe aber „für die eigenen Mitglieder in der bedrängten Wohnsituation kein Ohr".

Eine Argumentation, die direkt aus einer Wahlkampfbroschüre der Republikaner stammen könnte. Und ein Beleg dafür, daß Ausländerfeindlichkeit nicht nur ein Unterschichtenproblem ist. Sicher sind die braven Dahlemer Bürger keine Neonazis, sicher wählen sie – zumindest in ihrer großen Mehrheit – keine rechtsextremen Parteien. Und sicher würde in Dahlem nie der Mob toben wie in Hoyerswerda. Man kennt da, ganz standesgemäß, feinere Methoden. „Hier", zitiert die *Süddeutsche Zeitung* den Gemeindepfarrer Jonas Weiß-Lange, „wird niemand handgreiflich, das läuft über den Anwalt." Oder über politische Beziehungen.

Aber mit dem gleichen Erfolg wie in der sächsischen Provinz. Schon drei Wochen, nachdem sie gekommen sind, müssen die Hoyerswerda-Flüchtlinge ihr Dahlemer Kirchenasyl wieder verlassen. Ende September werden sie erst einmal in diverse Berliner Asylbewerberheime verlegt. Das kleine Berliner Villenviertel ist wieder – mit Ausnahme der betuchten russischen Emigranten – ausländerfrei.

Dahlem – auch ein Beispiel für das „ausländerfreundliche" Deutschland im Herbst 1991.

Hoyerswerda revisited

Am Freitag, dem 29. November 1991, erscheint im Magazin der *Süddeutschen Zeitung* ein Bildbericht unter dem Titel „Mein Nachbar, mein Feind", der eindrucksvoll demonstriert, wie wenig sich in den Köpfen der Bevölkerung von Hoyerswerda nach den Anschlägen bewegt hat, wie verfestigt das rassistische Gedankengut ist. Nicht bei den Jungs in Springerstiefeln und Bomberjacken, sondern bei den furchtbar normalen Bürgern.

Die Reportage zeigt mit jeweils dreizeiligen Statements der Abgebildeten versehene Aufnahmen aus den Häusern 20 und 21 einer ausgerechnet nach dem großen Menschenfreund Albert Schweitzer benannten Straße. In dem einen Wohnsilo leben Deutsche, in dem anderen lebten Ausländer, zuletzt hinter eingeworfenen Fensterscheiben. „Die Photographin Bettina Flitner", heißt es im Vorspann zu der Geschichte, „besuchte sie, als schon feststand, daß diese Ausländer auch weggeschickt werden. Dann gehört Hoyerswerda ganz den Deutschen. Gute Nacht."

Bildpaar eins zeigt einen Vietnamesen, der sagt: „Jede Nacht stehe ich am Fenster und gucke. Das ist kein Leben mehr: Ich esse nicht mehr normal. Nicht alle Deutschen sind schlecht, aber wenn ich vier zusammen sehe, wechsel' ich die Straßenseite." Und eine Deutsche: „Was die alles aus den Intershops rausgeschleppt haben! Videorekorder und Adidas-Schuhe. Davon konnten wir ja nur träumen. Aber dann behaupten, sie hätten kein Geld. Also, auf gut deutsch gesagt: Wir sind froh, wenn sie weg sind."

Bildpaar zwei zeigt einen Schwarzen, der sagt: „Schon vorher durften wir uns nirgendwo sehen lassen. In der Disco tanzen? Eh, Neger, weg da! Im Restaurant essen? Das nächste Mal bringst du dir dein eigenes Besteck mit! Oder sollen wir etwa mit derselben Gabel essen?" Und eine dreiköpfige deutsche Familie: „Gegen die Polacken, die Fidschis und die Alis hatten wir ja nichts. Aber die Neger sind zuviel. Wir sind beide arbeitslos, aber die Neger, die haben Arbeit, die Neger. Die spielen sich hier auf, als wären die der König der Albert-Schweitzer-Straße."

Bildpaar drei zeigt einen Vietnamesen, der sagt: „Vor ein paar Tagen war mein Kollege dort unten und hat mit Steinen geworfen. Ich arbeite seit fünf Jahren mit ihm zusammen. ‚Warum hast du das getan?' habe ich ihn am nächsten Tag gefragt. Er hat nur mit den Schultern gezuckt. Für die sind wir nur Ausländer. Aber wir sind Menschen. Wir sind Menschen." Und einen Deutschen: „Gestern nacht, als die Fidschis weg sind, da hab' ich auch hier am Fenster gestanden und hab' ihnen hinterhergerufen: ‚Haut endlich ab, ihr Hunde!'"

Bildpaar vier zeigt einen Schwarzen, der sagt: „Immer nur hier drin. Manchmal weiß ich schon nicht mehr, welche Tageszeit ist. Neulich war ich unten an der Tür, da hat einer zu mir gesagt: ‚Du Schwein!' Einfach so. Und wenn ich mich frühmorgens in den Supermarkt schleiche, fragt die Kassiererin jeden Tag: ‚Was? Du lebst noch?'" Und einen etwa vierzehnjährigen Deutschen: „Von hier oben hab' ich zugeguckt, wie die Steine geworfen haben. Ich wär' gern dabeigewesen, aber ich durfte nicht."

Bildpaar fünf zeigt einen von hinten abgelichteten Vietnamesen, der sagt: „Ich habe Angst, daß man mich erkennt, weil ich hierbleiben will. Die Leute hier haben ein Schimpfwort für mich; sie nennen mich Fidschi." Und zwei deutsche Männer: „Also nix gegen den Fidschi, der wußte, was Arbeit ist. Aber die Neger – nur ihre Buschmusik an und an den Frauen rummachen. Wie wir nach dem Abgang das Asylantenheim aufgeräumt haben, da sind alle nur mit Handschuhen rangegangen."

Bildpaar sechs zeigt einen Schwarzen, der sagt: „Immer

um 14 Uhr versammelten sich unten die Nachbarn, vier Tage lang. Zwei Stunden später kamen die Skinheads dazu. Voll mit Schnaps. Und haben Krawall gemacht. Die Nachbarn haben applaudiert. Und die Mädchen, die bei uns waren, sind zusammengeschlagen worden. Schon früher haben sie uns zugerufen: ,Neger, geh' zurück in deinen Busch!'" Und eine Deutsche: „Hier im Haus grüßen mich immer weniger, weil mein Freund aus der zwanzig war. Früher haben sie nur hinterm Rücken getuschelt, jetzt rufen sie ,Neger-Hure' von der Straße rauf. Im März ist er zurück nach Mocambique. Bisher habe ich nichts mehr von ihm gehört…"

Bildpaar sieben schließlich zeigt einen Vietnamesen, der sagt: „Früher war ich manchmal bei den Nachbarn zum Kaffee eingeladen. Jetzt stehen sie auf der Straße und klatschen, wenn man uns beschimpft und mit Steinen bewirft. Ich habe Angst – so wie damals im Krieg, bei uns in Vietnam." Und einen Deutschen: „Also, wenn sich ein Ausländer, sagen wir ein Russe, ganz normal benimmt, also so wie ich, ja, dann habe ich gar nichts gegen ihn. Aber so… In den Zeitungen haben sie ja geschrieben: ,Ganz Hoyerswerda ist ausländerfrei.' Ich sag' Ihnen, das hat auch was für sich."

Deutsche Dokumente. Im Januar 1992 sollten der Stadt wieder Asylbewerber zugewiesen werden. Willkommen in Hoyerswerda.

„Deutschland muß deutsch bleiben" – zwei Studien und einige Schlußfolgerungen

„In der DDR gab es eine Erziehung gegen Rassismus und Ausländerfeindlichkeit, auch wenn sie in der Praxis wenig geübt werden konnte."
Lothar de Maizière, letzter DDR-Ministerpräsident

Wir haben die nicht nur von westdeutschen Politikern immer wieder gepredigten, beschwichtigenden Worte im Ohr, wie gering die Zahl der Ausländerhasser sei, wie wenig Menschen doch anfällig seien für rechtsradikales Gedankengut. Zumindest für die neuen Bundesländer haben die Leipziger Meinungsforscher Walter Friedrich und Wilfried Schubarth diese (Schutz-)Behauptungen eindrucksvoll widerlegt.

Für eine empirische Studie über „ausländerfeindliche und rechtsextreme Orientierungen bei ostdeutschen Jugendlichen" befragten die beiden Wissenschaftler im Dezember 1990 rund 2800 Jugendliche und junge Erwachsene aus Sachsen. Das Ergebnis, das repräsentativ sein dürfte auch für die anderen neuen Bundesländer, war schon zum damaligen Zeitpunkt niederschmetternd. So stellten Friedrich/Schubarth bei den jungen Neubundesbürgern ein „bedeutendes Aversionspotential" gegen Ausländer fest. Auf die Frage „Was würden Sie generell zu der Anzahl der Ausländer in ostdeutschen Ländern sagen?" gaben 37 Prozent an: „Es sind zu viele." Weitere zwölf Prozent wählten sogar die Antwortvariante: „Jeder Ausländer ist einer zuviel." Konsequenterweise hielten es denn auch 55 Prozent der Befragten für „notwendig, den Ausländeranteil in den ostdeutschen Ländern zu verringern". Der platten Forderung „Ausländer raus" stimmten immerhin noch 36 Prozent der männlichen und 20 Prozent der weiblichen Jugendlichen zu.

Daten aus Absurdistan. Denn in Ostdeutschland betrug der Ausländeranteil – die Soldaten der Roten Armee, die bis Ende 1993 komplett abgezogen sein werden, nicht eingerechnet – an der Bevölkerung Anfang 1990 lächerliche 1,2 Prozent (im Westen sind es über sieben Prozent). Insgesamt lebten 191 000 Ausländer in der DDR, darunter über 50 000 Polen. Ein großer Teil der damals gezählten 15 500 Mosambikaner ist, nachdem ihre Arbeitsverträge gekündigt worden waren, inzwischen wieder in ihre Heimat gereist. Von den einst 60 000 Vietnamesen sind noch knapp 10 000 im Land. Hinzugekommen sind verschwindend wenige. So mußte Sachsen, das bevölkerungsreichste neue Bundesland, bis Ende September 1991 gerade mal 7002 zugewiesene Asylbewerber unterbringen.

Fast noch erschreckender als die nackten Umfragezahlen lesen sich die Aussagen vieler „ganz normaler" Jugendlicher, die sich im Rahmen der Studie zum Thema „Deutsche und Ausländer" äußern sollten. „Ich habe nichts gegen Ausländer, die ordentlich ihrer Arbeit nachgehen", formulierte ein 18jähriger. „Aber der Großteil der Ausländer in den ostdeutschen Bundesländern ist nur aufs Handeln und Betrügen aus. Diese machen deutsche Mädchen an und sind gewalttätig gegenüber Deutschen. Also deswegen hasse ich Polen, Rumänen, Vietnamesen und Araber." Ein 17jähriger antwortete: „Ich bin persönlich der Meinung, daß zur Zeit in Deutschland kein Platz für Ausländer ist (auch nie sein wird). Es gibt genug Arbeitslose. Sie sollen nach Hause fahren. Wir haben genug mit uns zu tun." Und ein 17jähriges Mädchen: „Wir dürfen unser Land nicht mit Ausländern übervölkern lassen. Deutschland muß deutsch bleiben."

Die unbeliebtesten Ausländer sind nach der Erhebung von Friedrich und Schubarth Schwarzafrikaner, Polen, Vietnamesen, Türken und Zigeuner. Obwohl in der DDR nicht einmal 100 Türken lebten, es also bis Dezember 1990 kaum Begegnungen mit ihnen gegeben haben dürfte, erhalten sie von ostdeutschen Jugendlichen katastrophale Sympathiewerte. Nach einer Skala von 1 („große Sympathie") bis 5 („große Antipathie") beurteilt, erreichen Türken einen Durchschnittswert von 3,71. Schlechter schneiden nur Zigeuner mit 3,80 ab.

Als „Jugendsünden", die sich mit wachsender Reife erledigen, können diese Einstellungen schwerlich abgetan werden. Normalerweise, dies haben Untersuchungen sowohl in Westdeutschland wie auch in anderen westeuropäischen Ländern ergeben, schätzen Menschen, je älter sie werden, Ausländer um so negativer ein, während jüngere weitaus toleranter und ausländerfreundlich urteilen. In den neuen Bundesländern, so Friedrich/Schubarth, „läuft dieser Trend aber gerade umgekehrt".

Sehr ausgeprägt sind bei vielen ostdeutschen Jugendlichen auch andere rechtsextreme Einstellungen. So stimmten 17 Prozent der Befragten der Forderung zu, Deutschland müsse „wieder einen mit starker Hand regierenden Führer haben". 40 Prozent meinten: „Wem es in Deutschland nicht paßt, der soll auswandern." 13 Prozent waren der Ansicht, der Faschismus habe „auch seine guten Seiten" gehabt. Und jeweils 14 Prozent fanden die Aussagen richtig: „In jeder Gesellschaft gibt es Konflikte, die nur mit Gewalt gelöst werden können" und „Die Deutschen waren schon immer die Größten in der Geschichte". (Vergleichbare Werte, das nebenbei, hatte 1980 auch eine SINUS-Studie in den alten Bundesländern ergeben; danach verfügen 13 Prozent aller Westdeutschen über ein geschlossen rechtsextremes Weltbild.)

„Autoritäre, nationalistische und fremdenfeindliche Orientierungen", resümieren Walter Friedrich und Wilfried Schubarth, „bilden ein Einstellungssyndrom, das bei circa 15 bis 20 Prozent der Schüler, Lehrlinge und jungen Erwerbstätigen nachweisbar ist. Erscheinungen von Intoleranz gegenüber Andersartigen und Andersdenkenden sind noch weitaus häufiger anzutreffen."

Die Leipziger Forscher bezeichneten nach ihrer Umfrage die Situation in der ehemaligen DDR als „durchaus kritisch" und prognostizierten: „Viel spricht für eine weitere, vielleicht sogar drastische Zunahme der Ausländerfeindlichkeit in den neuen Bundesländern. Das kann erwartet werden." Eine äußerst hellsichtige Einschätzung.

Zu ähnlichen Ergebnissen wie Friedrich und Schubarth waren auch schon Mitarbeiter des Kölner Instituts für Sozialforschung und Gesellschaftspolitik (ISG) gekommen, die im Oktober 1990 – beauftragt vom Bundesarbeitsministerium – eine Studie über „Ursachen, Umfang und Auswirkungen von Ausländerfeindlichkeit im Gebiet der ehemaligen DDR und Möglichkeiten ihrer Überwindung" anfertigten. 20 Prozent der befragten Ostdeutschen aus allen Altersgruppen stimmten beispielsweise der Aussage „Ich finde, auch in Westdeutschland sollten die Ausländer jetzt nach Hause fahren, denn wir haben ältere Rechte" voll zu. Den Satz „Ich habe nichts gegen Ausländer, aber das Boot ist voll" mochten sogar 32,2 Prozent unterschreiben.

Nach den Gründen für das Entstehen von Fremdenfeindlichkeit befragt, gaben 31,2 Prozent der Ostdeutschen „Wohnungsnot" an – obwohl die wenigen Ausländer in der DDR zusammengepfercht in Heimen lebten. Über die Hälfte der Befragten meinte, die Ausländer hätten „in wesentlich stärkerem Maß als Deutsche gehamstert und so zur schlechten Versorgungslage beigetragen" – obwohl Gastarbeiter keine anderen Einkaufsmöglichkeiten hatten als DDR-Bürger. Eine große Mehrheit schließlich stimmte der Aussage zu, „Ausländer verfügten über mehr Westgeld als wir und konnten sich viel mehr leisten" – obwohl diese auch nur in Ostmark bezahlt wurden.

„Bemerkenswert ist", kommentiert der *taz*-Reporter

Bernd Siegler in seinem akribisch recherchierten Buch „Auferstanden aus Ruinen" die Ergebnisse der ISG-Studie, „daß
von seiten der DDR-Führung niemals etwas gegen diese
nach dem antisemitischen Syndrom funktionierenden Erklärungen, Gerüchte und Stimmungen unternommen worden
ist. ... Die DDR-Führung nahm Ausländerfeindlichkeit in
Kauf, um nicht selbst für Mißstände verantwortlich gemacht
zu werden."

Welche Resultate das zeitigte, läßt sich ebenfalls der ISG-
Untersuchung entnehmen. „Von Deutschen beschimpft
oder beleidigt zu werden", schreiben die Kölner Forscher,
„ist eine Erfahrung, die die überwiegende Mehrheit der von
uns befragten Ausländer bereits machen mußte – nur ein
Viertel kann angeben, daß dies bisher nicht geschehen sei.
Vier von zehn Ausländern geben an, beim Einkaufen in Geschäften zumindest manchmal benachteiligt zu werden. Ein
Fünftel machte die Erfahrung, in Gaststätten nicht bedient
zu werden, und ebenfalls ein Fünftel gibt an, von Deutschen
tätlich angegriffen und geschlagen worden zu sein. Dies
macht deutlich, daß selbst massive Formen von Ausländerfeindlichkeit keine seltenen Ausnahmefälle darstellen."

Noch einmal: Dies sind Zahlen vom Oktober 1990, als die
DDR gerade aufhörte zu existieren.

Die ISG-Studie zeigt also, wie auch die Untersuchung von
Friedrich und Schubarth, wie verfestigt ausländerfeindliche
Ressentiments schon vor der Wende waren. Und sie widerlegt den Bundespräsidenten Richard von Weizsäcker, der die
Fremdenfeindlichkeit in seiner ganzen Milde als „Krise der
menschlichen Verständigung" bewertet, ebenso wie jene
Pädagogen, Psychologen und Soziologen, die nun versuchen, rechtsradikale Täter und die mit ihnen sympathisierenden Bürger in Opfer der durch den Umbruch entstande-
nen Verhältnisse umzudeuten.

Bei einer Umfrage der *Deutschen Presse-Agentur (dpa)*
äußerte sich etwa der Gütersloher Sozialpsychiater Profes-

sor Klaus Dörner wie folgt: Angst gegenüber Fremden sei
„völlig normal". Wenn der ausländerfeindlich eingestellte
Teil der Bevölkerung – „ein paar Prozent" – sehe, daß seine
Angst von den Meinungsträgern in der Gesellschaft akzeptiert und nicht verdammt werde, habe er eine größere Freiheit zu entscheiden, ob er aggressive Konsequenzen ziehen
müsse oder nicht. Dies sei, so Dörner, „die einzige vernünftige Richtung, in der man dieser sogenannten Ausländerfeindlichkeit begegnen und sie mildern oder wegbekommen
könnte". Auf einen knappen deutschen Satz gebracht, wird
der Widersinn dieser Argumentation sichtbar: Um Vorurteile abbauen zu können, muß man die Vorurteile verstär-
ken.

Der Hamburger Psychologieprofessor Reinhard Tausch
sagte laut *dpa*, die Aufnahme von Hunderttausenden Einwanderern führe naturgemäß zu Streßreaktionen bei Men
schen, die in der Nähe von großen Einwanderergruppen
lebten – ein für die DDR, siehe oben, kaum taugliches Erklärungsmodell. Und nach Meinung von Tauschs Kieler
Kollegen Dieter Freys könne man den Fremdenhaß langfri-
stig nur bekämpfen, indem man – neben harter Strafe bei
Gewaltanwendung – seine Ursachen beseitige: schlechte
wirtschaftliche Lage und unsichere Lebensperspektiven.

Freys haut damit in dieselbe Kerbe wie der bundesdeutsche Rechtsextremismus-Papst, der Bielefelder Pädagogik-
professor Wilhelm Heitmeyer – und so voll daneben.
Heitmeyer – und mit ihm viele Epigonen – sieht Rechtsradikale verständnisvoll vor allem als Opfer, als Leidtragende
von Arbeitslosigkeit, Wohnungsnot, zerstörten sozialen Mi-
lieus, Zukunftsängsten und Orientierungslosigkeit. Das mag
als – wenn auch nicht alleiniges – Erklärungsmodell für die
alten Bundesländer gerade noch angehen, denn natürlich haben Rechtsextremismus und Ausländerhaß ihre Ursachen
auch in sozialer Verunsicherung; für die DDR, wo es all das
nicht gab, taugt es aber nicht. Es sei denn, die Neubundes-

bürger hätten sich ebenso über Nacht von Völkerfreunden in Rassisten verwandelt, wie sie auch als ehedem überzeugte Sozialisten zu guten Demokraten mutierten.

Auf einen wesentlich wahrscheinlicheren Grund für den aufkeimenden Rechtsextremismus in der DDR wies der ostdeutsche Filmemacher und Bürgerrechtler Konrad Weiß schon 1988 hin: den auch in der DDR nicht aufgearbeiteten Nationalsozialismus, dessen Herrschaftsprinzipien Antidemokratie und Gewalt sind. In einer Analyse für die Zeitschrift *Die Kirche* schrieb Weiß, der heute als Abgeordneter des Bündnis 90 im Bundestag sitzt: „Die Skinheads sind die Enkel und Urenkel der SS-Männer, der Hitlerwähler und Blockwarte und Mitmarschierer unter uns. Sicher, die Skinhead-Mode ist von draußen gekommen, die Skinhead-Ideologie aber hat hier keimen und wachsen können. ... Sie alle sind in diesem Land geboren, sind in unseren Kindergärten und Schulen erzogen worden." Von Eltern, Lehrern und SED-Genossen, die sich heute teilweise selber aufführen wie SS-Männer.

„Was sich im Moment in den Straßen Hoyerswerdas, Magdeburgs, Schwedts, Eberswaldes und Dresdens abspielt", kommentierte denn auch Eberhard Seidel-Pielen, Co-Autor des Buches „Krieg in den Städten" und einer der aufmerksamsten Beobachter der rechten Szene, am 23. September 1991 in der *taz*, „ist Prä-Faschismus, der aus der Tiefe des gesellschaftlichen Kerns kommt – organisiert, geplant und wohlüberlegt. Die marodierenden rechten Schläger und Mörder verfolgen die Politik der SA-Truppen der zwanziger Jahre – getragen von einer Woge der Sympathie und des Applauses barbarisierter, zur Demokratie unfähiger Kleinbürger."

Zur selben Einsicht gelangte auch Heinrich Jaenecke im *Stern* vom 17. Oktober. „Die schlichte Wahrheit ist", schrieb er, „dieses Volk hat die Auseinandersetzung mit dem Nazismus, mit seiner eigenen Krankengeschichte also, nicht geführt, sonst wäre es nicht möglich, daß die alten Symptome wieder aufbrechen."

Wohlgemerkt: Nicht nur im Osten, auch im Westen.

Die verdrängte Vergangenheit

„Hier lebt unverändert ein arbeitsames, ein ordentliches Volk. Sie haben, wie immer, einer Regierung, so zuletzt dem Hitler pariert, und verstehen im großen und ganzen nicht, warum Gehorchen diesmal schlecht gewesen sein soll. Es wird viel leichter sein, ihre Städte wieder aufzubauen als sie dazu zu bringen, zu erfahren, was sie erfahren haben und zu verstehen, wie es kam."
Alfred Döblin, Schicksalsreise

So geteilt Deutschland bis zum Herbst 1990 war, so geteilt war auch der Umgang mit der gemeinsamen Geschichte – und auf diese unterschiedliche Art und Weise doch sehr ähnlich.

Während sich die Deutschen-West per Dekret ihrer Besatzungsmächte, vor allem der US-Amerikaner, nach 1945 ziemlich geschwind in gute Demokraten und – das geringere Kunststück – in brave Anti-Kommunisten verwandelten und die Nazi-Vergangenheit hinter sich ließen wie ein Säckchen Sondermüll, machten die Deutschen-Ost auf Geheiß ihrer Besatzungsmacht, der Sowjets, ebenso schnell und überraschend eine Metamorphose in glühende Sozialisten und überzeugte Anti-Faschisten durch.

Normal war beides nicht.

Die im Westen verdrängten durch Nichterinnern, die im Osten durch zwanghafte, aber inhaltsleere Erinnerungsrituale. Hüben beschränkte sich die Würdigung des Widerstands gegen den Hitler-Staat weitgehend auf die Männer des 20. Juli, drüben auf den Kampf der Kommunisten. In der Bundesrepublik fühlte man sich bald nach der Befreiung vom Faschismus (wie es – korrekt – im Osten hieß; im Westen sprach man lieber vom „Zusammenbruch") als ökono-

mischer, in der DDR als moralischer Sieger der Geschichte.
Eine wirkliche Auseinandersetzung mit der NS-Zeit, mit
Schuld und Sühne, fand auf beiden Seiten nicht statt.

Wie in den Westzonen mit den Nazis umgegangen wurde,
ist bekannt. Bei der Entnazifizierung zeigte man sich schnell
großherzig; man brauchte vor allem die in der Verwaltungs-
arbeit versierten Parteigenossen für den Aufbau des neuen
Deutschland Abteilung West. Prozesse wie gegen den
„Schrecken der Frankfurter Juden", den Gestapo-Beamten
und SS-Schergen Heinrich Baab, im März 1950 blieben eine
Seltenheit – die Justiz hatte nach Abschluß der Verfahren vor
den Alliierten Militärgerichten kein gesteigertes Interesse
mehr an der Verfolgung von Nazi-Tätern. NS-Größen
machten so ungehindert ihren Weg und saßen bald wieder an
Schaltstellen in Wirtschaft, Bildungswesen, Justiz, Verwal-
tung und Politik. Männer wie Hans Globke, Kommentator
der Nürnberger Rassengesetze, und der furchtbare Marine-
richter Hans Filbinger brachten es zum Staatssekretär im
Kanzleramt und zum Ministerpräsidenten von Baden-Württemberg.

Schlußstrich-Mentalität. Kein Wunder, daß auch der von
den Amerikanern gestartete Versuch der „Re-education" ins
Leere lief. 1951 stellte John McCloy, erster US-Hochkom-
missar in der Bundesrepublik, resigniert fest, daß die Grund-
übel des Nazismus noch „in allen Sparten des menschlichen
Zusammenlebens" existierten, ein „gewisser aggressiver Nationalismus" inklusive.

Und in der DDR, die in Artikel 6 ihrer Verfassung vollmundig verkündete, sie habe „getreu den Interessen des
Volkes und den internationalen Verpflichtungen auf ihrem
Gebiet den deutschen Militarismus und Nazismus ausgerottet"? In der sowjetischen Besatzungszone ging man konse-
quenter zu Werke, die nackten Zahlen beweisen es: Von 1945
an wurden in der DDR von speziellen Sonderkammern rund
13 000 „Kriegsverbrecher und Verbrecher gegen die

Menschlichkeit" verurteilt; in der Bundesrepublik mit ihrer
dreimal größeren Bevölkerung waren es ganze 6500. Und bis
März 1948, dem Ende der Entnazifizierung, wurden in der
Ostzone über eine halbe Million Nazis von ihren Posten
entfernt – im Westen gerade mal 220 000.

War das aber die „vollständige Liquidierung der Überreste
des Hitlerregimes und der Hitlerpartei", wie die Forderung
des Zentralkomitees der KPD vom Juni 1945 lautete? Mehrfach mußte die Sowjetische Militäradministration eingreifen,
um zu verhindern, daß zu viele NSDAP-Aktivisten weiter-
beschäftigt wurden, auf deren Wissen und Können man auch
im neuen Deutschland Abteilung Ost nicht verzichten
mochte. Später wurden Wehrmachtsoffiziere in die Nationale Volksarmee übernommen, und die Stasi bediente sich
gerne des Know-hows früherer Gestapo-Männer.

Auch die aus den (zwangs-)vereinigten Parteien KPD und
SPD gebildete SED kümmerte sich schnell auf ihre Art um
die „Überreste der Hitlerpartei". Weil man sie als Wähler bei
den Gemeindewahlen gewinnen wollte, warb der SED-Vor-
stand am 20. Juni 1946 in einer offiziellen Erklärung als
einzige aller damaligen Parteien um die „nominellen Parteigenossen", die sogenannten Mitläufer. Die wurden vom
SED-Vorsitzenden Wilhelm Pieck ein halbes Jahr später sogar als „vorwiegend werktätige Massen" rehabilitiert, „die
wir auf das engste an uns heranziehen und an der Aufbauarbeit beteiligen müssen". Von den eigenen Genossen wurde
die SED daraufhin als „großer Freund der kleinen Nazis"
verspottet.

Da sich die Einheitssozialisten aber nicht durch zu viele
Altnazis in ihren Reihen diskreditieren wollten, wurde als
Auffangbecken eine eigene Blockpartei ins Leben gerufen:
Am 16. Juni 1948 gründete sich die National-Demokratische
Partei Deutschlands (NDPD), in deren Wahlprogramm es
1951 hieß: „Deutschland muß leben! Deswegen fordern wir
nationalen Demokraten: Die Amerikaner nach Amerika!

Deutschland den Deutschen! Die Bundesrepublik ist ein Kind des nationalen Verrats."

Den braunen Parteimitgliedern stellte das NDPD-Organ *National-Zeitung* schon bald einen Persilschein aus. Diese hätten, hieß es in dem Blatt, „in Wort und Tat bewiesen, daß sie aus der eigenen Vergangenheit wie aus der unseres Volkes die richtigen Lehren gezogen haben und heute unter Führung und im festen Bündnis mit der Arbeiterschaft am Aufbau eines friedliebenden Deutschland mitarbeiten". Ganz im Sinne der SED, die auf ihrem 3. Parteitag kurzerhand beschlossen hatte, daß in der DDR „die Wurzeln des Faschismus ausgerottet" seien.

Das war im Juli 1950. Fortan gab es – weil nicht sein kann, was nicht sein darf – im „ersten antifaschistischen Arbeiter- und Bauernstaat auf deutschem Boden" par ordre du mufti einfach keine Faschisten mehr.

Wie stark sich das nationalsozialistische Gedankengut allem verordneten Antifaschismus zum Trotz in den Köpfen festgesetzt hatte und an die Kinder und, vor allem, Enkel weitergegeben wurde, zeigt sich heute. Immer wieder berufen sich Rechtsradikale auf die Erzählungen ihrer Großväter über das Dritte Reich, als „alles besser" gewesen sei. „Mein Opa war in der SS, ein strammer Soldat", sagen etwa die Eberswalder Neonazis Kuli („Die DDR-Bürger sind Deutsche zweiter Klasse, das ändert sich erst durch den Nationalsozialismus") und Schulle übereinstimmend. Den persönlichen Erinnerungen der Altvorderen schenkten sie mehr Glauben als dem „verwichsten Gewäsch" im Geschichtsunterricht.

Wie gut die Nationalsozialisten auch in der DDR integriert wurden, welche Möglichkeiten ihnen offenstanden, dokumentiert unter anderem ein 1981 erschienenes „Braunbuch DDR", das 900 Nazis auflistet, die im Osten (Partei-)Karriere machen konnten. Schon im Juni 1958 hatte der West-Berliner „Untersuchungsausschuß Freiheitlicher Juristen" die Namen von 75 NSDAP-Mitgliedern publik gemacht, die hohe Positionen in der DDR bekleideten. Eine auf über 200 Namen erweiterte Fassung dieser Broschüre wurde 1960 – der Kalte Krieg steuerte auf seinen Höhepunkt zu – von der Adenauer-Regierung veröffentlicht. Danach saßen in der 1958 gewählten Volkskammer 50 alte Nazis, unter anderem für die NDPD das ehemalige Volksgerichtshof-Mitglied Arno von Lenski. Genannt wurde auch Ernst Großmann, SS-Unterscharführer im KZ Sachsenhausen, der es bis zum Mitglied des SED-Zentralkomitees brachte.

So wie die SED-Führung den Faschismus aus der Welt beschlossen hatte, so erklärte sie kurzerhand auch den Antisemitismus für überwunden – und praktizierte ihn im Gewand des Antizionismus munter weiter. Zwar erhielten die in der DDR lebenden Juden – heute sind es etwa 4000 – als „Opfer des Faschismus" Ehrenpensionen; aber Wiedergutmachungszahlungen gab es nicht. Dafür waren die Nazis zuständig, und die lebten doch nur noch im Westen. Den Staat Israel erkannte die DDR bis 1990 nicht an. Und hohe SED-Funktionäre wie die Politbüro-Mitglieder Hermann Axen und Albert Norden vermieden tunlichst jedes Wort über ihre jüdische Abstammung.

Während der im KZ umgekommenen Kommunisten exzessiv gedacht wurde, blieb der Holocaust, der Mord an sechs Millionen Juden, eine vernachlässigenswerte Größe – auch und gerade im Schulunterricht. Widerstand gegen die braune Diktatur hatten nach DDR-Lesart – daraus bezog der Staat ja seine moralische Legitimation – nur die KP-Genossen geleistet; sie hätten am meisten unter dem NS-Terror zu leiden gehabt. Von den anderen Widerständlern und Opfern – neben den Juden vor allem Sozialdemokraten, Christen, Sinti, Roma, Geisteskranke, Künstler und Schwule – war kaum die Rede.

Welche Resultate die Vermittlung dieses Geschichtsbildes auch hervorbringen kann, demonstriert ein Interview, das die Berliner Zeitschrift *Blickpunkt* im Herbst 1990 mit einem Rechtsradikalen aus Frankfurt/Oder führte. „Auschwitz, das war eine Lüge, daß da sechs Millionen Juden umgekommen sind", wird der 17jährige Norbert H. zitiert. „In den Lagern waren Verbrecher, Vaterlandsverräter, Arbeitsscheue und so. Da war keiner drin, nur weil er Ausländer oder Jude war. Es waren 200 000 Kommunisten und Verbrecher, die da umgekommen sind, nicht weil sie umgebracht wurden, sondern die sind meistens an Krankheiten gestorben."

Norbert H. – ein Kind des antifaschistischen Staates. Er ist in schlechter Gesellschaft, wie eine im Frühsommer 1988 durchgeführte Untersuchung des Leipziger Instituts für Jugendforschung über das Geschichtsbewußtsein der DDR-Jugendlichen zeigt, die prompt unter Verschluß genommen wurde. Danach befanden elf Prozent der Befragten, der Faschismus habe „auch seine guten Seiten" gehabt, sechs Prozent meinten, Hitler habe „nur das Beste für das deutsche Volk" gewollt, und nur eine knappe Mehrheit gab an, alles tun zu wollen, damit sich der Faschismus nicht wiederholen könne.

In seinem Buch „Das Verhör" beschreibt Andreas Sinakowski, Jahrgang 60 und Jude, was ihm 1979 in seiner Ostberliner Berufsschule widerfuhr: „,Wieviel Juden passen in einen Trabant? – Dreißig!: Vier auf die Sitze, sechsundzwanzig in den Aschenbecher.' Lachen, komisch, tolle Freunde. Irgendwas war noch mit Aschenbahnen im Stadion oder mit FJF: Feines jüdisches Fett, als Aufdruck für irgendeine Seife. Lachen, Auschwitz, toller Witz. So endet die Gemeinsamkeit... Im Schulkorridor zischten sie Hep Hep. Sie hatten keine klassische Bildung, aber das Hep, das die Römer nach der Zerstörung Jerusalems gerufen hatten, Hierosolyma est perdita, Jerusalem ist zerstört, gehört seit den dreißiger Jahren zur kleinen Kampfausrüstung des Amateurnazis. ... Ein paar Tage später trugen sie schwarze Lederhandschuhe, Hep Hep, haha. Einer zauberte ein

Brecheisen aus den Manteltasche und ließ es in die Leder-
hand klatschen."

Als Sinakowski sich beim Direktor über den Angriff und
die antisemitischen Sprüche beschwert, fertigt der den jüdischen Schüler mit den Worten ab: „Ich gebe Ihnen den guten
Rat, das einfach zu ignorieren. Das meint niemand ernst.
Jeder von uns muß mal einen Scherz wegstecken können."

Erst als die Stasi – die durch den Vater einer Freundin von
dem Vorfall erfährt und Sinakowski später als Spitzel an-
wirbt – interveniert, gibt es Konsequenzen. „Der Direktor:
‚Sie werden sich öffentlich bei Ihnen entschuldigen müssen.
Auf dem Schulhof. ...' Peinlich, ächzte ein Stimmchen in
mir. Vor den Sprelacart-Bänken trampelten wir nervös von
einem Bein auf das andere. ‚Und nun gebt euch die Hände',
sagte die Lehrerin. Und nun war die Geschichte der Deutschen Demokratischen Republik wieder in Ordnung."

Nur für die wackeren antifaschistischen Lehrer nicht.
„Man grüßte mich noch im Korridor, aber die Ehre der
Schule, ich hatte sie bekleckert, nicht schwarzweißrot (die
Farben der Flagge im Dritten Reich, A.B.), sondern typisch
weißblau, mit dem Stern in der Mitte (die israelische Flagge,
A.B.). Die praktische Prüfung, Frau X. geht an mir vorbei,
ein Spickzettel landet auf meinem Tisch, den ein paar Se-
kunden später Herr Y. findet, und Z., die mich von der
Prüfung wegen Betruges – lauthals! –, wegen der Ehre der
Schule natürlich, aha, die Rache, wenn auch verhohlen, ver-
weist. Durchgefallen!"

Offener und versteckter Anisemitismus in der DDR. Ein
Einzelfall? Zehn Jahre später, im August 1989, spricht die
21jährige Psychotherapeutin Ulrike Richter aus Karl-Marx-
Stadt, die eine etwas dunklere Hautfarbe hat als „normale"
Deutsche, ihre Erlebnisse auf Tonband (zitiert nach Frank
Schumann: „Glatzen am Alex"): „Manchmal wurde ich auf
der Straße mit ‚Zigeunerweib' oder ‚Judenschwein' bezeich-

net. Einfach so im Vorübergehen. Das ist bis heute so. Zum Beispiel in diesem Fußgängertunnel an der Zentralhaltestelle. Es war proppenvoll, Berufsverkehr. Ich geh' da so lang, und plötzlich höre ich neben mir, also richtig auf mich gerichtet: ‚Du Judenschwein!' Eine Männerstimme. Ein andermal an der derselben Stelle. Zwei Polizisten standen in der Nähe, und so vier, fünf angetrunkene Jugendliche kamen auf mich zu. Sie pöbelten mich an: ‚Du Zigeunerschlampe, du Ausländerhure!' Die Polizei machte sofort kehrt und ging weg."

An einem Februartag 1989 bleibt es nicht bei Pöbeleien. Vier junge Männer fallen Ulrike Richter auf offener Straße an, beschimpfen sie als „Judenhure" und schneiden ihr mit einem Stilett einen Davidstern in den rechten Oberarm. Auf dem Polizeirevier glaubt man ihren Schilderungen nicht. Die Überfallene wird erst einmal gefragt, ob sie einen Ausreiseantrag laufen habe, also die Attacke nur erfunden habe, um aus dem Land gelassen zu werden. Rassismus, belehren die Polizisten Ulrike Richter, gebe es in der DDR schließlich nicht.

Immer wieder muß die junge Frau zu Verhören erscheinen – als wäre sie die Täterin: „Mir wurde direkt vorgeworfen, Freunde bei den Christen, Künstlern, Juden, Homosexuellen und Geisteskranken zu haben. Fünf Kategorien. Ich würde mich in all diesen Kreisen rumdrücken, und das klang wie Abschaum." Die Vernehmungen gipfeln schließlich in den Sätzen: „Sie können ruhig zugeben, daß es auf einer Fete passiert ist oder bei Freunden. Es passiert Ihnen nichts und Ihren Freunden auch nicht."

Dieses Vorgehen hatte im SED-Staat offenkundig Methode. Nachdem 1986 ein 14jähriger Sinti im Biologiesaal einer Ostberliner Schule von Mitschülern gepackt, beschimpft („Dich und Deine Eltern haben sie vergessen") und unter einen Gashahn gehalten worden war, kamen die Täter – darunter der Sohn eines SED-Funktionärs – ungeschoren davon; der malträtierte Junge aber wurde wegen „auffälligen Verhaltens" in ein Erziehungsheim abgeschoben.

Und als der Jüdische Friedhof im Ostberliner Bezirk Prenzlauer Berg Anfang 1988 kurz nacheinander fünfmal von Rechtsradikalen verwüstet wurde, merkte die Polizei angeblich nichts – obwohl ihre Zentrale in unmittelbarer Nachbarschaft zum Friedhof liegt und die Jugendlichen jedesmal lauthals grölten.

Zufällig kommt solch ein Klima kaum zustande in einem Staat, über dessen antiisraelische Medienpolitik vor allem während des Sechs-Tage-Krieges im Juni 1967 Simon Wiesenthal, der Leiter des Wiener Dokumentationszentrums des „Bundes jüdischer Verfolgter des Naziregimes", urteilte: „Wenn man in den Kommentaren der DDR-Blätter das Wort ‚Israeli' durch ‚Jude' sowie ‚fortschrittliche Kräfte' durch ‚Nationalsozialismus' ersetzte, glaubte man plötzlich eine Vorlage aus Goebbels Propagandaministerium vor sich zu haben. Die Ähnlichkeit der Gedanken und Begriffe ergab sich aber auch, wenn man den umgekehrten Weg ging und probeweise Artikel aus der NS-Zeit mit Vokabeln aus dem DDR-Wortschatz ausstattete."

Diese Kontinuität läßt sich leicht erklären. Wiesenthal wies nach, daß 39 DDR-Journalisten in leitenden Funktionen schon dem Nazi-Regime gedient hatten – angefangen von Kurt Blecha, NSDAP-Mitglied seit 1941 und dann Pressechef des DDR-Ministerpräsidenten, über Richard Arnold, der bei seinem NSDAP-Eintritt 1933 „jegliche Spur Judengeistes aus der deutschen Kultur" zu tilgen versprach und in der DDR Chefredakteur des *Nationalen Demokraten* wurde, bis hin zu Günther Kertzscher, der über die Ästhetik der Sprache in „Mein Kampf" promovierte und später zum stellvertretenden Chefredakteur des SED-Zentralorgans *Neues Deutschland (ND)* avancierte.

Den Faschismus mit Stumpf und Stiel ausgerottet, den Antisemitismus überwunden? Über den Prager Frühling leitartikelte das *ND* 1968: „Zionistische Kräfte haben die Führung übernommen". 29 Jahre zuvor hatte der *Völkische Beobachter* die deutsche Besetzung der Tschechoslowakei in einer Überschrift so kommentiert: „In Prag regiert das Judentum".

Wie alles anfing –
und weiterging

André Riechert sieht aus wie der fleischgewordene Traum vieler Schwiegermütter: blond, schlank, gepflegt, adrett gekleidet. Er kann sich gut ausdrükken. Auch seine Visitenkarte ist vom Feinsten. Altdeutsche Buchstaben auf Büttenpapier. Der 21jährige Anlagenmonteur weiß schließlich, was sich geziemt für einen Politiker mit hohen Funktionen. André Riechert ist bei der Gründungsversammlung der Nationalen Alternative (NA) am 1. Februar 1990 in Ost-Berlin zum stellvertretenden Vorsitzenden und Pressesprecher der Rechtsradikalenpartei ernannt worden.

Der junge Mann stammt aus gutem Stall, jedenfalls nach DDR-Maßstäben. Sein Vater war, wie Bernd Siegler in „Auferstanden aus Ruinen" berichtet, „Major des Ministeriums für Staatssicherheit und pikanterweise in der MfS-Bezirksverwaltung Berlin für Rechtsextremismus zuständig". Daß der seinen Sohn zu Fleiß, Ordnung und Sauberkeit erzog, darf angenommen werden.

Diese Tugenden halfen André Riechert jedenfalls auch während seiner Knastzeit. Wegen „guter Führung" mußte er eine zweijährige Haftstrafe nicht vollständig absitzen, zu der er Ende 1987 vom Stadtbezirksgericht Berlin-Mitte verurteilt worden war. Das Delikt: „Rowdytum".

Ost-Berlin, am Abend des 17. Oktober 1987. Die Zionskirche im Bezirk Prenzlauer Berg, ein Zentrum der Alternativ- und Künstler-Szene, ist gerammelt voll. Das Gotteshaus ist ein Hort der DDR-Opposition, hier haben Bürgerrechtler die Umweltbibliothek eingerichtet, werden die systemkritischen *Umweltblätter* produziert. Dem SED-Staat ist das schon lange ein Dorn im Auge. An diesem Abend bevölkern auch viele Punks die Kirche. Die Bands

„Element of Crime" aus dem Westen und „Firma" aus dem Osten geben ein gemeinsames Konzert. Rund 1000 Besucher hören zu.

Ein paar Ecken weiter geht es bei einem anderen Ost-West-Treffen ebenfalls hoch her. 80 Skinheads, darunter 20 aus dem Westteil der Stadt, feiern in einer HO-Gaststätte mit dem selbsternannten „Sturmbannführer" Ronnie Busse. Irgendwann kommt das Kommando, „Punks klatschen" zu gehen. Etwa 30 Mann, darunter auch André Riechert, ziehen zur Zionskirche. Bereits auf dem Weg dorthin verdreschen sie an einer S-Bahn-Haltestelle Passanten.

Das Konzert ist seit ein paar Minuten vorbei, als der Rechtsradikalen-Trupp vor der Kirche eintrifft. Drinnen befinden sich noch 400 Menschen. Die Skinheads treten die Kirchentür ein, brüllen „Juden raus aus deutschen Kirchen", „Sieg Heil" und „Diese Sorte müßte man vergasen", prügeln mit Fahrradketten und leeren Flaschen auf die Konzertbesucher ein. Einer jungen Frau knallen sie mehrfach den Kopf an die Wand. Die Polizei, seit Beginn des Konzerts mit mehreren Mannschafts- und Funkwagen vor der Zionskirche präsent, greift erst am Ende der Prügelorgie ein. Zufall? Die Aktion der Neonazis richtete sich schließlich gegen verhaßte Oppositionelle...

Andererseits bot sie auch eine willkommene Gelegenheit, der Öffentlichkeit zu demonstrieren, wie hart der antifaschistische DDR-Staat im Gegensatz zum Westen mit Nachwuchsfaschisten verfährt, die allerdings nicht so genannt werden durften, weil es sie ja eigentlich nicht geben konnte – die offizielle Bezeichnung lautete „Rowdys". Zu welchen Verrenkungen das führte, zeigt eine Kurzmeldung der FDJ-Zeitung *Junge Welt* vom 28. November 1987, in der es hieß: „...wurden während der Ausschreitungen von den Rowdys immer wieder Parolen aus der Nazizeit ausgestoßen, was in der DDR, wo der Faschismus mit all seinen Wurzeln ausge-

die, die die Ostberliner Humboldt-Universität Ende der achtziger Jahre über rechtsradikale Straftäter anfertigte. Lediglich 17 Prozent waren arbeitslos, 44 Prozent waren als Facharbeiter beschäftigt, fünf Prozent als Teilfacharbeiter, 31 Prozent gingen noch zur Schule oder in die Lehre, drei Prozent besuchten Hochschulen. 47 Prozent waren 20 Jahre oder jünger, ebenfalls 47 Prozent zwischen 20 und 30 Jahren, der Rest war älter.

„Sie sind normaler, als viele wahrhaben wollen", urteilte Rudi Pahnke, Leiter der Kommission für Jugendarbeit der Evangelischen Kirchen der DDR, über Neonazis. „Sie sind auch gefährlich normal. Sie sind normal in ihrer Fremdenablehnung, mit ihrem Bewußtsein, wertvoller zu sein und Bedeutenderes zu können, als sie im Augenblick zu zeigen imstande sind." Ganz die deutschen Sekundärtugendbolde: fleißig, ordentlich, diszipliniert. Und keineswegs die „Elite der oppositionellen Bewegungen gegen den stalinistischen Staat", wie es mittlerweile gerne kolportiert wird. Die Kritik der Rechtsradikalen am DDR-Regime beschränkte sich in Mosereien über die „schlampige Arbeitsmoral" und den Schlendrian in den Betrieben. „Der oppositionelle Charakter vieler Skins erschöpfte sich darin, daß ihnen das autoritäre System der DDR zu lasch und die DDR für ihr angestrebtes Deutschland zu klein war", schreibt Bernd Siegler.

Hervorgegangen sind die DDR-Rechtsradikalen allerdings aus einer subkulturellen Bewegung: der Skinhead-Szene, die sich Ende der siebziger Jahre nach westlichem Vorbild auch im Osten entwickelte. Zunächst war nur das Outfit – Bomberjacken, Springerstiefel, rasierter Schädel – wichtig, aber schon 1981, heißt es in einer internen Lageeinschätzung des Bundes Deutscher Kriminalbeamter (BDK) „zu Entwicklung, Charakter und Erscheinungsformen des Extremismus in den neuen Bundesländern", seien aus diesen Gruppen heraus „personale Träger nationalistischer, rassistischer und antisemitischer Ideologiemomente" in Erscheinung getreten. Etwa Mitte der achtziger Jahre bildeten sich die „Faschos" heraus, die sich zwar nicht ideologisch, aber im Aussehen deutlich von den Skins abgrenzten: Sie kleideten sich wieder völlig normal.

Eine Tarnaktion, um nicht aufzufallen. Ab 1988 organisierten sich die „Faschos" immer besser und wurden immer politischer, lasen „Mein Kampf" und andere NS-Schriften, die in der DDR kursierten. Auslöser dieser Entwicklung war offenbar die Aktion gegen die Zionskirche und der darauffolgende Prozeß. „Politisch wurde es für mich erst '87 nach der Zionskirche", erinnert sich ein Neonazi. „Die Zionskirche war kein politisches Motiv. Das ging gegen die Punks, die waren unsere Feinde. Aber ich habe dann gemerkt, daß wir durch die Zionskirche mehr Schaden angerichtet haben und daß man es anders machen muß. Da habe ich begriffen, daß man politisch arbeiten muß."

Die BDK-Analyse bescheinigt den „Fascho"-Gruppen im nachhinein „ein konspiratives Verhalten und kriteriengebundene Auswahl von neuen Mitgliedern". Diese hätten vor ihrer endgültigen Aufnahme „nachweislich ihre Eignung (u.a. Propagandadelikte, Gewaltstraftaten mit ideologischem Hintergrund) demonstrieren" müssen. Auf diese Weise entstand beispielsweise in Berlin die „Bewegung 30. Januar" – benannt nach dem Tag der nationalsozialistischen Machterschleichung 1933 –, deren Führungscrew, so der BDK, „durch Waffendelikte, Propagandastraftaten und gewalttätige Angriffe auf Ausländer kriminalpolizeilich bekannt wurde".

Bereits Ende 1988 hatte die Arbeit der DDR-Rechtsradikalen nach Ansicht des Extremismus-Experten Bernd Wagner „eine parteimäßige Qualität erreicht. Regelmäßig fanden Treffen mit westdeutschen Neonazis, beispielsweise in Budapest, am Plattensee oder in Prag, statt. Es wurde Material verteilt, und man unterhielt sich über mögliche Aktionen."

Solche Kontakte bestanden laut BDK zur NPD, zu der von Anhängern des bundesdeutschen Neonazi-Gurus Michael Kühnen unterwanderten Freiheitlichen Deutschen Arbeiterpartei (FAP) und zur Nationalistischen Front, deren Mitglied Josef Saller im Dezember 1988 ein von Ausländern bewohntes Haus im bayerischen Schwandorf niederbrannte und dadurch vier Menschen umbrachte.

Besonders die Beziehungen zu Kühnen zahlten sich für die ostdeutschen Neonazis bald nach dem Fall der Mauer aus. Eher konspirativ werkelte der sonst so auf Publicity erpichte Hitler-Verehrer daran, seine Reihen im Osten fest zu schließen und eine im Wortsinne schlagkräftige Organisation aufzubauen. In einem „Arbeitsplan Ost" gab er bereits im Januar 1990 vor, „eine Partei unter einem ganz unverfänglichen Namen" zu gründen, „für die es in der DDR keine Parallele gibt und über die wir im Westen auch in keiner Weise reden". Weiter hieß es in dem braunen Strategiepapier: „Es besteht Übereinstimmung darüber, daß hinter allen öffentlichen und legalen Aktivitäten eine stahlharte, weltanschaulich gefestigte Kadertruppe stehen soll."

Schon am 1. Februar 1990 entstand der erste Kühnen-Ableger: die Nationale Alternative. Die NA konnte auf bereits lange bestehenden Strukturen aufbauen. Zur Gründungsmannschaft gehörten neben André Riechert auch andere Ex-Skins, die schon bei dem Überfall auf die Zionskirche dabei und später in der „Bewegung 30. Januar" aktiv gewesen waren. Vorsitzender wurde Frank Lutz, der in der Druckerei der *Jungen Welt* arbeitete. Ebenfalls mit dabei: Ingo Hasselbach, 23, der von sich sagt: „Ich bin Nationalsozialist, weil keinem Deutschen Nachteile gegenüber seinen Volksgenossen entstehen sollen." Auch Hasselbach kommt aus gutem sozialistischem Elternhaus: Sein Vater war Intendant der „Stimme der DDR".

Die Parteigenossen verfügten über blendende Kontakte zu anderen Gruppierungen, die nach außen immer wieder beteuern, mit Rechtsradikalen nichts zu tun zu haben. Bestes Gegenbeispiel: Jens-Uwe Vogt, einst Anführer der Ost-Nazi-Gang „Die Analen", jetzt eine zentrale Figur der Berliner Hooligan-Szene, unterhält immer noch eine gute Verbindung zu Frank Lutz, seinem alten Kameraden aus Skinhead-Tagen. Und für die Ostberliner Kripo ist es kein Geheimnis, daß Hools häufig als Rollkommando von Neonazi-Parteien wie der NA eingesetzt werden, die sich offiziell von jeglicher Gewaltanwendung distanzieren.

Obwohl dies alles bekannt war, wurde die NA unter der Nummer 39/90 beim Präsidium der Volkskammer ins Parteiregister eingetragen und sogar zu den Kommunalwahlen am 6. Mai 1990 zugelassen. Kandidat: André Riechert. Der wurde erst wieder von der Wahlliste gestrichen, nachdem die Polizei bei einer Durchsuchung der NA-Parteizentrale am 27. April unter anderem Totschläger, Chemikalien zur Herstellung von Brandsätzen sowie rechtsradikales Propagandamaterial beschlagnahmt und Riechert festgenommen hatte. Nach der Razzia verzehnfachte sich die Mitgliederzahl der NA schlagartig von ursprünglich knapp 50 auf 500.

Eingenistet hatten sich die NA-Aktivisten in der Nummer 122 der Weitlingstraße im Ostberliner Bezirk Lichtenberg, einer merkwürdigen Adresse: Nachdem Neonazis Anfang 1990 ein Haus in der Türrschmidtstraße illegal besetzt hatten, bot ihnen die Kommunale Wohnungsverwaltung (KWV) das Objekt in der Weitlingsstraße ganz offiziell als Ausweichquartier an. Das Haus wurde zur Festung ausgebaut, immer wieder kam es zu Straßenschlachten mit Linken. Lange Zeit leisteten vor allem zwei Kühnen-Vertraute aus Österreich organisatorische und ideologische Aufbauarbeit in der Weitlingstraße 122: Günter Reinthaler und Gottfried Küssel. Der 32jährige Astronomiestudent verkündete vollmundig: „Dieses Haus ist ein Fanal für ganz Deutschland." Eine Funktion erfüllte es auf jeden Fall – es wurde zur

Anlaufstelle für Rechtsradikale aus der gesamten Republik (siehe auch „Die Szene von innen").

Als Verhandlungsparter für die Behörden und um unauffälliger agitieren zu können, gründeten die braunen Hausbesetzer im März eine „Initiative für Wohnraumsanierung" (WOSAN). Ausgerechnet an „Führers Geburtstag", am 20. April 1990, schloß die KWV einen Umbauvertrag für die Weitlingstraße 122 mit der WOSAN ab, in deren Führungsriege bald auch Oliver Schweigert aufstieg, ein als brutaler Schläger geltender FAP-Kader aus West-Berlin. In einem Flugblatt warb die WOSAN geschickt um neue Anhänger: „Betrogene dieser Republik! Wohnräume statt Büros!" Die Initiative solle „ein Zusammenschluß von alten und jungen Menschen sein, die nun gemeinsam die historisch gewachsenen Wohnviertel erhalten und gestalten sollen".

Bis Ende des Jahres 1990 blieb die Weitlingstraße 122 besetzt, dann räumte die NA das Haus. Ihre Mitglieder zerstreuten sich, die meisten gingen in die Neonazi-Hochburg Dresden. Zuletzt machte die Partei von sich reden, als sie zum Gedenkmarsch für den Hitler-Stellvertreter Rudolf Heß am 18. August 1991 in Wunsiedel mehrere hundert Mann mobilisierte.

Während sich die Aktivitäten der NA – so die interne Absprache – auf Berlin beschränkten, agierte eine andere neofaschistische Partei bald landesweit: die Deutsche Alternative (DA), eine im Mai 1989 in Bremen gegründete Sammlungsbewegung. Ihr erster Bundesvorsitzender war der 1991 verstorbene Walter Matthaei, eine Art braune Eminenz der Neonazi-Szene. Er arbeitete bis 1945 als Referent im Reichsministerium für die besetzten Ostgebiete, war Funktionär der 1952 verbotenen Sozialistischen Reichspartei, gründete die verfassungsfeindliche Wiking-Jugend und avancierte 1988 zum Bundesvorsitzenden der FAP.

Der erste Landesparteitag der „mitteldeutschen" DA – Chef wurde erst einmal der Dresdner Ray Träger, sein Stellvertreter Ingo Hasselbach – fand im Juli 1990 in Kiekebusch bei Cottbus statt. Mit von der Partie: Michael Kühnen, Walter Matthaei und weitere FAP-Funktionäre. Die Namen der neugegründeten Rechtsaußenparteien, urteilte danach ein Kölner Verfassungsschützer, seien jedoch „nur Schall und Rauch". Die Kader der FAP hätten „sowohl DA, NA als auch die Parteiarbeit auf dem ehemaligen Staatsgebiet der DDR völlig unter ihrer Kontrolle" – eine Art Nationale Front der Neonazis. Kühnen selbst sei zwar offiziell nicht FAP-Mitglied, weil der Partei sonst ein Verbot drohe. Die Fäden habe er dennoch fest in der Hand.

Am 20. Oktober 1990 durfte der mehrfach vorbestrafte und in den alten Bundesländern mit Auftrittsverboten belegte Nazi-Chef in Dresden unbehelligt von der Polizei sogar eine riesige Show abziehen. Gemeinsam mit etwa 500 „Kameraden und Volksgenossen" marschierte er durch die Innenstadt. Die Meute schwang Reichskriegsflaggen und johlte: „Heute gehört uns Deutschland und morgen die ganze Welt." Vor der Semperoper stieg Kühnen auf den Sokkel des König-Johann-Denkmals und schwadronierte, er werde sich mit der „Vereinigung der beiden größten deutschen Teilstaaten" nicht zufriedengeben. „Wir wollen das ganze Deutschland, wir geben die von Polen besetzten Ostgebiete nicht auf." Und er kündigte „Aktionen" gegen die deutsch-polnische Grenze an – die dann, wie beim Beginn der Visafreiheit am 8. April 1991, auch stattfanden.

Völlig reibungslos verlief die Wiedervereinigung der Neonazis aus Ost und West allerdings nicht. So hielten manche Ossis nicht viel von Kühnens Fixierung auf Hitler und dem Plan, ein „Viertes Reich" zu errichten; sie hingen eher dem „gemäßigten", sozialrevolutionären und antikapitalistischen Nationalsozialismus der Hitler-Kontrahenten Gregor und Otto Strasser an. Dennoch galt Kühnen (Motto: „Wir reden nicht vom Kampf, wir kämpfen") als unumstrittene Leitfigur, aus einfachem Grund. „Sie hatten keinen anderen

Führer", so Ost-Kriminalist Bernd Wagner, „deshalb ver-
ehrten sie ihn."

Nachdem Kühnen im April 1991 an Aids gestorben war,
übernahm dessen Adlatus Gottfried Küssel das Kommando
über die braunen Truppen: „Der Michael hat mich zu seinem
Nachfolger ernannt, unmittelbar vor seinem Tod." Bernd
Wagner traut dem derart Geadelten durchaus zu, diese Rolle
ausfüllen zu können. „Küssel hat den militanten Flügel hinter sich. Er wird versuchen, die Szene militärisch zu straf-
fen."

Hinter Küssel stehen zwei weitere Alt-Neonazis aus
Kühnens engstem Vertrautenkreis: der Hamburger Rechtsanwalt Christian Worch und Winfried Arnulf Priem aus
West-Berlin. Worch, 35, ist Sprecher der Nationalen Liste,
einer der vielen von Kühnen gegründeten Vereinigungen,
und kümmert sich vorwiegend um die ideologische Ausbil-
dung. Priem, 43, ist Gründer der militanten Organisationen
„Wotans Volk" und „Kampfgruppe Priem". Beide waren
schon in der Weitlingstraße 122 ein und aus gegangen.

Über Mangel an Fußvolk in Ostdeutschland kann sich
diese „Troika" nicht beklagen. Vor allem die Deutsche Alternative, von Kühnen als eine Art „legaler Arm der Bewegung" gedacht, erfreut sich extremen Zulaufs. Bernd Wagner
hält sie für die „von den nationalsozialistisch orientierten
Vereinigungen am ideologisch höchsten qualifizierte mit
dem besten Organisationsgrad". Allein in Dresden zählt die
DA inzwischen über 500 Anhänger, in Cottbus sind es etwa
200. In beiden Städten kommt nach Erkenntnissen des
Staatsschutzes ein Kreis von jeweils 500 bis 700 nicht parteilich gebundenen Sympathisanten hinzu. Und der Nationalistischen Front, die 1985 von Kühnen-Getreuen als
Ersatzorganisation für den Fall eines FAP-Verbots gegründet wurde, gehören in manchen Kleinstädten wie Königs
Wusterhausen bereits bis zu 100 Mitglieder an.

Die Rekrutierung neuer „Kameraden" beginnt schon in

der Schule. Von „gezielten Anwerbeversuchen" berichtet etwa die Leipziger Oberschuldirektorin Christina Haberecht. Die „Werber", meist im Alter zwischen 18 und 20 Jahren, veranstalteten in ihren Wohnungen regelrechte Agitationsabende. „Dort werden die Schüler auch mit rechtsradikalem Informationsmaterial versorgt. Das geht bis zu detaillierten Anweisungen über das Verhalten in bestimmten Situationen: bei Festnahmen, gegenüber Ausländern, bei Auseinandersetzungen mit Linken."

An welchem Vorbild sich dieses Vorgehen orientiert, läßt sich auch an einer Äußerung des NA-Sprechers André Riechert erkennen. In der jetzigen Umbruchphase in der Ex-DDR, da die Zukunft sehr unsicher sei und vielen Jugendlichen Arbeitslosigkeit drohe, sagt Riechert, kämen die „Jungschen" eben ins Grübeln: „Da bieten wir ihnen Hilfe und die Möglichkeit, sich in eine Gemeinschaft einzufügen." Die Hitler-Jugend läßt schön grüßen.

Auch wenn das Jungvolk an Ideologie weniger interessiert sein mag – als Sturmtrupp wurde und wird es von den Neonazi-Parteien gern eingesetzt. Das gilt auch für parteilich nicht organisierte Skins. „Nachweisbar bestanden Verbindungen gewalttätiger Gruppierungen zu Mitgliedern rechtsextremistischer Organisationen in Vorbereitung und Begehung von Gewaltstraftaten", heißt es in der internen Studie des Bundes Deutscher Kriminalisten. So zerlegten beispielsweise 25 Glatzen gemeinsam mit Kadern der NA einen Autobahnshop bei Freienhufen in seine Bestandteile.

Auch die Hooligans sind den Neonazis keineswegs so fern, wie sie beteuern. Vor der Fußballrandale am 3. November 1990, bei der der 18jährige Ostberliner Mike Polley von Polizisten erschossen wurde, kursierten unter den Hools mit „Endsieg" überschriebene Flugblätter. Inhalt: ein detaillierter Schlachtplan für den Angriff auf einen von Linken besetzten Wohnblock in der „Reichsmessestadt". Das

Schreiben endete mit einer Aufforderung an die Berliner und Leipziger Hools, sich auf dem Sachsenplatz „an die Kameraden von der Hitler-Jugend Schönefeldt oder an die Reudnitzer Rechte" zu wenden.

Mittlerweile haben die Rechtsradikalen-Chefs eine weitere Unterstützertruppe im Osten Deutschlands ausgemacht. „Bürger und Nationalsozialisten in einer Front, das ist einfach wunderbar", jubelte der Cottbusser Frank Hübner, der inzwischen als DA-Vorsitzender für „Mitteldeutschland" fungiert, Ende September 1991 nach den Pogromen von Hoyerswerda. Zusammen mit Gottfried Küssel kündigte Hübner weitere Züge im „Rassenkampf" (Kühnen) gegen Ausländer- und Asylbewerberwohnheime an.

Der Auftrag wurde ausgeführt.

Die Szene von innen

Es war ausgerechnet ein junger Ausländer, dem es gelang, die bislang tiefsten Einblicke in die ostdeutsche Neonazi-Szene zu bekommen. Im Juli 1990, als in der noch existierenden DDR selbst der popeligste VEB in eine Gesellschaft mit beschränkter Haftung umgewandelt wird, beschließt der 33jährige Fotograf Sacha Hartgers, in Frankreich aufgewachsener Armenier mit holländischem Paß, eine Fotoreportage über die „Sturm GmbH" zu machen, wie er die nationalsozialistische Bewegung in Deutschland nennt. Er erlebt dabei eine, leider, sehr deutsche Geschichte, die einem in weiten Teilen sehr bekannt vorkommt.

Sacha hat einen dunklen Teint und pechschwarzes Haar. Er weiß: Würde er den Nazis zufällig auf der Straße begegnen, bezöge er höchstwahrscheinlich Prügel. Vorsichtshalber deponiert er bei Freunden ein Testament, bevor er Kontakt zu jungen Rechtsradikalen knüpft, die sich in der Ostberliner Weitlingstraße 122 verschanzt haben. Nach und nach gewinnt der Fotograf, der fließend Deutsch spricht, das Vertrauen der Nazi-Anführer – weil er der erste Journalist ist, der sie wirklich ernst nimmt und nicht nur auf eine schnelle Sensationsstory aus ist. Und weil ihnen fast jede Form von Publizität recht ist – Hauptsache, ihre Bewegung wird bekannt.

Sacha will Öffentlichkeit schaffen. Bei seiner Arbeit profitiert er vom totalitären Hierarchiedenken der Nazis: Nachdem ihn die Anführer akzeptiert haben, kann er in dem Haus bald ungehindert ein und aus gehen, zunächst noch ohne, dann auch mit Kamera. Was er in der Weitlingstraße sieht, beeindruckt und erschreckt ihn gleichermaßen:

Das war keine harmlose Bande, wie auch die ausländische Presse immer wieder geschrieben hatte. In diesem abbruch-

reifen Schuppen lebten keine Spinner, sondern Leute, die mit großer Ernsthaftigkeit versuchten, ihre nationalsozialistischen Ideale zu verwirklichen. Die Jungs führten ein richtig hartes Leben. Morgens beim gemeinsamen Frühstück wurden die gemeinsamen Aufgaben verteilt: Wände verputzen, Fußboden verlegen, Wache schieben, Baumaterial beschaffen, Kameradschaftsabende vorbereiten, Flugblätter formulieren, auch für die Skinheads, die sie als Kampftruppen brauchen. Nebenbei gingen noch viele ihrer normalen Arbeit als Bäcker, Zimmermann oder Packer nach. Den größten Teil des Lohns haben sie in die Gruppenkasse eingezahlt – Gemeinnutz geht vor Eigennutz.

Ich habe fasziniert diesen deutschen Perfektionismus beobachtet, dieses Alles oder Nichts. Der Nationalsozialismus ist die purste Ideologie, die es je gab. Und danach lebten die Mitglieder der Bewegung bedingungslos. Jeder, der das Haus betrat, grüßte mit „Sieg Heil" oder „Heil Kamerad". Es gab nichts Undeutsches, keine Popmusik, keine Cola, keine amerikanischen Zigaretten, nichts. Abends sahen sich die Bewohner fast ausschließlich alte Wochenschau-Aufnahmen aus dem Dritten Reich an oder Lehrvideos über das richtige Verhalten im Straßenkampf.

Sacha merkt schnell: Neben dem Haus in der Weitlingstraße gibt es auch eine Vielzahl anderer Kameradschaftswohnungen in Berlin, Cottbus, Dresden, Frankfurt/Oder, Potsdam und Leipzig. Die Miete teilen sich jeweils mehrere Kameraden. Die Weitlingstraße dient vor allem als Übungsstation, wo Verteidigungsstrategien gegen Überfalle von Linken geprobt werden. Und als Anlaufstelle für Sympathisanten aus ganz Deutschland:

Ständig liefen da Leute ein. Wer noch nicht volljährig war, bekam aber nur ein paar Handzettel und wurde wieder weggeschickt. Die Nazis sind nicht auf Kinder aus. Sie wollen Menschen gewinnen, die wissen, was sie tun, die sie politisch schulen können. Den Ideologie-Unterricht hatte Günter

Matthaei übernommen, ein alter SS-Mann. Das war aber nur einer von vielen „Veteranen", die es in der Bewegung gibt.

Die Einstellung der jüngeren Nazis ist in einem ihrer Lieder sehr gut beschrieben: „Rebellen, Rebellen, haben den Tod und den Teufel zum Gesellen. Rebellen, sie haben das Gestern vergessen, sie bauen das Neue vom Glauben besessen, vom Glauben ans ewige Reich", heißt es darin.

Sie fühlen sich wirklich als Rebellen, die für ihre Überzeugung alles tun würden. „Zu töten oder zu sterben für Deutschland, das ist doch ganz selbstverständlich", erklärte mir Kamikaze, einer der führenden Köpfe in der Weitlingstraße 122. Dann bat er mich, ein Foto zu machen, das sein Lebensgefühl symbolisiert. Er zog sein Hemd aus, drehte mir den Rücken mit der Tätowierung „Kein Mädel ist so schön wie die Freiheit" zu und drückte sich seine Pistole an die Schläfe. Das Ding war scharf.

Die Bewegung verfügt über ein reichhaltiges Waffenarsenal, von dem ich nur einen kleinen Teil zu sehen bekam. Eines Nachts nahmen mich ein paar Nazis mit in eine Datscha außerhalb Berlins. Dort bewahrten sie eine Kalaschnikow und 850 Schuß Munition auf, die sie sowjetischen Soldaten für 500 Mark abgekauft hatten. Und in einer Privatwohnung zeigten sie mir sechs Bazookas, wobei ich die Leute aber nicht von vorne fotografieren durfte. Fünf dieser Panzerfäuste waren funktionsfähig.

In einer der Berliner Kameradschaftswohnungen hielt sich eine Zeitlang auch Ekkehard Weill auf, ein rechtsradikaler Terrorist aus Österreich. Der plant, irgendwann die Denkmäler von Lenin und Thälmann in die Luft zu jagen. Den Sprengstoff dafür haben die Nazis rechtzeitig aus einem Depot der Nationalen Volksarmee geklaut.

Anfang August reisen Kamikaze und drei weitere ostdeutsche Nazis nach Wien. Sacha darf sie begleiten. Am Bahnhof begrüßt sie der „Gauleiter Ostmark", Gottfried Küssel: „Ihr wart lange isoliert. Jetzt seid ihr heim ins Reich gekommen." Die Ostdeutschen kennen Küssel gut: Er hat ihnen im Frühjahr beim Aufbau der Weitlingstraße 122 geholfen, Tips gegeben und für die in Sachen Bürokratie unerfahrenen Kameraden Behördengänge erledigt. Nun lädt er sie ein in eine Kneipe:

Vor dem Bahnhof winkte Küssel ein Taxi heran. Als er sah, daß der Fahrer Ausländer war, schlug er die Wagentür sofort wieder zu. Lieber wartet er ein paar Minuten länger, als mit einem „Kanaken" zu fahren.

Im Hinterzimmer eines Heurigen-Lokals im 1. Bezirk erwarteten uns 22 österreichische Nazis und zwei Kameraden aus München. Sie empfingen die Ostdeutschen mit „Heil Hitler". Mich stellte Küssel vor: „Hier ist ein Franzose von der jüdischen Presseverschwörung, der uns fotografieren möchte." Sofort stimmten die anderen das Frankreichlied an: „Kamerad, wir marschieren im Westen mit Bombengeschwadern vereint; und fallen auch viele der Besten, wir schlagen zu Boden den Feind!" Die Ostdeutschen sangen eifrig mit.

Später fahren die Österreicher ihre Gäste zum Übernachten in das Haus der Burschenschaft „Teutonia". Dort erinnern Aufkleber an den „Anschluß" von Österreich: „1938 – psst – nie darüber reden. 1938 – psst – immer dran denken." Einige Burschenschafter tragen T-Shirts: „Deutschland ist größer als die Bundesrepublik." Empfangen werden die Besucher von Kurt, einem Studenten der Wirtschaftswissenschaften:

Für mich ist Kurt der Prototyp eines Nazis. Ein ruhiger, ordentlicher, hart arbeitender Mensch mit einem sympathischen Gesicht und einem unheimlichen Feuer in den Augen. Und mit einer grenzenlosen Wut auf Ausländer, Juden und Homosexuelle. In seinem Zimmer hingen ein Hitler-Porträt und ein Hakenkreuz, das Symbol für das ewig leuchtende Sonnenrad. „So wie es damals gestrahlt hat", sagte Kurt, „so strahlt es auch jetzt wieder in unseren Herzen."

*Kurt war der extremste, aber auch der aufrichtigste Nationalsozialist in der Burschenschaft. Für die anderen hatte er
eine Funktion wie der Narr im Mittelalter, der offen aussprach, was alle dachten, aber nicht zu sagen wagten. Der
„Teutonia" gehören Juristen, Biologen, Chemiker, Wirtschaftswissenschaftler an – die künftige Elite Österreichs.
Fast alle sind nationalsozialistisch eingestellt, würden aber
nichts tun oder sagen, was ihre Karrieren gefährden könnte.*

Am nächsten Tag trifft sich Küssel allein mit den vier
Kameraden aus „Mitteldeutschland" und erläutert ihnen den
Drei-Stufen-Plan der Nationalsozialisten: In den siebziger
Jahren habe Michael Kühnen mit der Propagierung der
„Auschwitz-Lüge" einen ersten Schritt zur „Revolution"
getan; in den achtziger Jahren sei eine gewisse Tolerierung
der Bewegung erreicht worden; und nun, in den neunziger
Jahren, wolle man auf die Aufhebung des NS-Verbots
hinarbeiten.

Abends ziehen die Nazis in paramilitärischer Kluft und
„Heil Hitler" rufend durch den Prater. Praktisch im Vorbeigehen demolieren sie die Wurfbude eines Türken. Sacha sagt
zu Küssel: „So wie ihr mit diesen Leuten umspringt, hätten
die wohl keine Chance, wenn ihr an der Macht wärt." Küssel
erwidert: „Jo freilich. Hätten's net." Schließlich landen sie in
der Wohnung von Alois, einem treuen Küssel-Gefolgsmann:

*Im Wohnzimmer hing die Reichskriegsflagge, die Bierkrüge waren mit Hakenkreuzen und anderen NS-Symbolen
verziert. Voller Stolz zeigte mir Alois ein Fotoalbum, in dem
serienweise Bilder von Festen mit dem ältesten noch lebenden
früheren Gauleiter Österreichs klebten.*

*Zwischendurch verschwand ein Typ, der sich mir so vorgestellt hatte: „Ich bin Markus, immer zu Schandtaten bereit." Als er zurückkam, hatte er Blut an den Händen. Ich
fragte: „Was hast du denn gemacht?" Er legte den Arm um*

meinen Hals und sagte: „Paß mal auf, das könnte auch dein Blut sein."

Ich mußte dann auf die Toilette, fing an zu pinkeln. Weil ich hundemüde war, merkte ich erst zu spät, was mit dem Klo los war. Ich trat total erschrocken zurück und machte mir die Hose naß: In die Kloschüssel war ein großer Davidstern gemalt.

Die Ostdeutschen kehren zufrieden nach Berlin zurück, im Gepäck haben sie vergoldete Hitler-Büsten. Ein paar Tage später laden vier Jungs aus der Weitlingstraße 122 Sacha zu „einem kleinen Ausflug" ein. Obwohl es brütend warm ist, tragen sie Springerstiefel, Tarnanzüge und Wehrmachtshelme. In einem alten NVA-Jeep fahren sie quer durch Berlin, Richtung Nordwesten. Die Reichskriegsflagge flattert im Wind. „Was machen wir eigentlich?" fragt Sacha. „Ein bißchen Traditionspflege", lautet die Antwort. Die Fahrt endet vor dem früheren Konzentrationslager Sachsenhausen:

„So, das ist die Betriebshochschule, mein Freund", sagte der Fahrer spöttisch. „In der Besatzersprache: das KZ." Vor dem Tor standen Juden aus Großbritannien. Zwei waren weit über 60 Jahre, konnten also hier gesessen haben. Als sie uns sahen, drehten sie sich um, guckten in eine andere Richtung und blieben wie versteinert stehen.

Die Nazis marschierten ungehindert durch den Haupteingang in die Gedenkstätte und direkt auf das Krematorium zu. Dort traten sie heftig gegen die Öfen. „Guck dir das genau an. Alles neu gebaut von den Besatzern nach '45. Das mit dem Holocaust ist eine totale Lüge, völlige Scheiße." Dann erzählten sie mir von einer Fete, die einige Kameraden kürzlich hier gefeiert hätten – ein Teil in SS-Uniformen, der andere in Häftlingskleidung.

Mir war speiübel, meine Hände zitterten so sehr, daß ich kaum noch fotografieren konnte. Ich weiß genau, was Menschen anderen Menschen antun können: Mein Großvater ist

mit seiner ganzen Familie in ein japanisches KZ gesteckt wor-
den. Er selbst ist dort umgebracht worden, mein Vater ist dort
aufgewachsen.
  Auf dem KZ-Gelände herrschte gespenstische Stille. Es
war völlig leer, nicht ein Vogel zwitscherte. Wie ein killing
field, ein Schlachtfeld nach dem Krieg. Auch den Nazis fiel
das auf. „Schön ruhig ist das hier", schwärmte einer, „das war
doch ein Erholungslager."
  In dem Moment erschien die Polizei, zwei Streifenwagen
mit acht Beamten. Einer kam auf uns zu, deutete auf einen
Ansteckknopf mit dem SS-Totenkopf: „Was ist denn das hier?
Sammelt ihr diese Dinger? Ja? Dann ist es in Ordnung." Das
war's. Danach sind sie wieder weggefahren.
  Wir gingen dann zu einem Mahnmal, das Gottfried Küssel
und ein paar Kameraden im Juli errichtet hatten: ein Holz-
kreuz für die „Opfer des Sozialismus". Gemeint sind damit
die SS-Männer, die von den Sowjets nach der Befreiung des
KZ erschossen worden waren. Solche „Gegen-Gedenkstät-
ten" will die Bewegung auch in allen anderen Konzentra-
tionslagern aufbauen: Das gehört zu ihrer Strategie, die
Vergangenheit zu enttabuisieren.
  Am 18. August fahren die Berliner Anhänger der Nazi-
Szene in gecharterten Bussen nach Wunsiedel, wo Hitler-
Stellvertreter Rudolf Heß begraben liegt. Michael Kühnen
hat die „Kameraden aus dem ganzen Reich" zu einem Ge-
denkmarsch für den „Friedensflieger und Märtyrer" aufge-
rufen. 1500 folgen. Es ist der bisher größte Aufmarsch der
Neonazis. Seine Rede beschließt Kühnen mit den Worten:
„Für Deutschland. Auf zum Vierten Reich." Sacha und an-
dere ausländische Reporter sind schockiert, auch über die
Ignoranz ihrer deutschen Kollegen:
  Die weigerten sich schlicht, die Nazis ernst zu nehmen:
„Das sind doch nur 1500." Nachdem Kühnen vor zehn Jah-
ren mit ein paar Mann durch Hamburg marschiert war, hieß
es: Das sind doch nur 15. Und in zehn Jahren, wie wird es

dann heißen? Nur 150000? Für die Nazis war das fast wie Hitlers Marsch 1923 auf die Feldherrnhalle in München, ein Anfang, der ihnen nicht mehr zu nehmen ist. Und das waren keine Spinner, die durch das Dorf zogen. Das war ein Querschnitt der Bevölkerung, junge Menschen und alte. Die Wunsiedler haben sich eher an den antifaschistischen Gegendemonstranten gestört als an den Nazis. Die sind ruhig geblieben und haben ihr Gesicht offen gezeigt, während die Antifas zum Teil vermummt waren und randalierten. Das war die beste Werbung, die sich die Nazis wünschen konnten.

Nach Wunsiedel steht für Sacha fest: Die Bewegung existiert wirklich. Und sie verfügt über weitverzweigte Verbindungen. In Wien hatte ihm Gottfried Küssel eine lange Liste mit „Kameradschaftswohnungen" und Treffpunkten im ganzen „Reich" gegeben – Deutschland, Österreich, Holland, Belgien. Sacha beschließt, einen Abstecher ins Saarland zu machen:

Ein Kamerad nahm mich mit in eine Gaststätte in der Nähe von Homburg. Dort waren etwa 60 Leute versammelt, fast alle trugen schwarze Kleidung. Ein Typ Anfang 30 hatte einen Aufnäher „Ich bin stolz, ein Deutscher zu sein." Ich sprach ihn an: „Es sieht so aus, als wärt ihr Sympathisanten der Nationalsozialisten." Er antwortete: „Nein. Wir sind richtige Nazis." Viele dieser Männer und Frauen waren ganz normale Bürger, die würden nie in der Öffentlichkeit mit Hakenkreuzen herumlaufen. Aber sie gehören zur Bewegung und finanzieren sie mit Spenden.

Ende August folgt Sacha in Ost-Berlin zwölf Nazis, die zu einem Kameradschaftsabend wollen, zum Hauptbahnhof. Dort haben rumänische Familien ihr Lager aufgeschlagen. Plötzlich brüllt einer „Los!", stürmt auf die Rumänen zu, die anderen hinterher. Messer werden gezückt, Bleirohre geschwungen und Äxte. Eine wilde Prügelei beginnt. Sacha flüchtet in einen S-Bahn-Zug:

Dann kam die Polizei, ein riesiges Aufgebot, und ich dachte: Jetzt ist Ruhe. Plötzlich rannte der ganze Nazi-Trupp in die S-Bahn. Die Tür ging zu, aber der Zug blieb stehen. Die Jungs waren regelrecht gefangen. Aber der Einsatzleiter drehte sich nur um und sagte: »Nee, die waren das nicht, die sehen friedlich aus« – als ob es am Hauptbahnhof zur selben Zeit 40 verschiedene Gruppen Nazis gäbe. Dann signalisierte er, daß der Zug abfahren könne.

Inzwischen war es fast Mitternacht. Wir fuhren Richtung Lichtenberg, und ich versuchte, von den Nazis weg in ein anderes Abteil zu kommen. Dabei lief ich an vier Vietnamesen vorbei, die ganz friedlich dasaßen. Auf einmal hörte ich hinter mir ein herrisches Brüllen: »Kommt hierher!« Als ich mich umdrehte, sauste eine Axt durch die Luft. Die Vietnamesen schrien nur und baten immer wieder: »Nein, bitte nicht.« Die waren absolut wehrlos. Aber die Nazis droschen einfach weiter auf sie ein, mit Äxten, Eisenstangen und Fäusten.

Vier oder fünf schleiften dann einen der Vietnamesen in ein anderes Abteil, stießen ihn zu Boden und traten mit ihren Stiefeln auf ihn ein. Der lag zum Schluß blutüberströmt am Boden und regte sich nicht mehr. Ich konnte den Vietnamesen in dieser Situation nicht helfen. Ich drückte nur auf den Auslöser meiner Kamera und dachte: Diese Bilder müssen an die Öffentlichkeit, das ist der Beweis, daß die nationalsozialistische Flamme wieder lodert.

Danach habe ich eine Woche nicht mehr fotografiert. Ich hörte immer wieder die Angstschreie dieser Vietnamesen. Es war nackte, ganz gezielte Gewalt, wie sie mir sonst noch nirgends in Europa begegnet ist. Und warum das alles? Weil diese Menschen für die Nazis »undeutsch« sind. Der Vorfall wurde übrigens von den Schlägern nie der politischen Führung der Bewegung in der Weitlingstraße gemeldet. Für die war das keine Sache von Bedeutung – es waren ja nur Ausländer.

Es ist eher Zufall, daß Sacha diese Szene miterlebt hat. So viel Wert die Nazis auf Publizität legen – bei ihren Gewaltaktionen dulden sie normalerweise keinen Zeugen, schon gar keinen, der fotografiert. Später trifft Sacha den russischen Juden Leonid Kasawchinskij. Der 23jährige ist gerade aus der Ost-Berliner Charité entlassen worden, wo er mit einem vierfach gebrochenen Kiefer gelegen hat. Sein Gesicht wird für immer entstellt bleiben – Folge eines Nazi-Überfalls. Ein fünfköpfiger Schlägertrupp hatte ihn erst in einer S-Bahn verprügelt, dann aus dem Zug gezerrt und ihm auf dem Fahrsteig einen „Randsteinkick" verpaßt, einen Stiefeltritt auf den am Boden liegenden Kopf. Nazi-Normalität:

In der Weitlingstraße 122 gab es einen Jungen, der hat willkürlich auf alles eingedroschen, was nach Neger aussah. Und wenn ein Mädchen sich beklagte, sie sei von einem Türken angemacht worden, verschwanden nach und nach alle aus dem Haus, um die „Ehre der deutschen Frau" zu verteidigen. Selbst zum Einkaufen zogen sie bewaffnet los, für den Fall, daß ihnen Ausländer über den Weg laufen sollten.

Bislang haben sie noch niemanden umgebracht, aber ein paarmal waren sie kurz davor. Unter den Nationalsozialisten gibt es etliche, die haben keinerlei Hemmschwellen. Daß Blut fließt, gehört für die einfach dazu. Alex, ein 18jähriger, erklärte mir ganz ruhig: „Na ja, es kann passieren, daß ich dabei mal draufgehe. Aber dann habe ich auch das voll miterlebt."

Oder Hacky, ein Zimmermann Anfang 20. Das ist auf der einen Seite ein unheimlich lieber Mensch, der sich rührend um andere kümmern kann – wenn sie weiß sind. Auf der anderen Seite ist er abnorm gewalttätig. Der geht keiner Schlägerei mit Schwarzen aus dem Weg, auch wenn die deutlich in der Überzahl sind. Mir erzählte er einmal, wie er sich allein mit vier dieser „Affen" geprügelt hatte. Davon schwärmte er wie ein Tänzer von einem Auftritt mit dem Bolschoi-Ballett.

Normalen Menschen mag diese Brutalität sinn- und grundlos erscheinen, für die Nationalsozialisten aber gibt es sehr wohl einen Grund. Sie haben ein klares Ziel: Sie wollen „saubermachen", schnell und radikal. Deutschland säubern von „Fidschis, Affen, Polacken" und so weiter.

Der Stadtteil Lichtenberg wird bereits von den Nazis beherrscht. Die Vietnamesen, die auf den S-Bahnhöfen Zigaretten verkauft hatten, sind weg. Die Rumänen vom Hauptbahnhof haben sich in den Westteil Berlins verzogen. Und die Linken machen lieber einen Umweg, als in der S-Bahn durch Lichtenberg zu fahren.

Die Nazis feiern das als einen riesigen Erfolg. Sie brauchten dafür keine ausgefeilten Programme oder Wahlplakate, sie haben sich die Gegend einfach mit Gewalt erobert, eine alte und bewährte nationalsozialistische Methode. Vor dem 3. Oktober sammelten sie in Lichtenberg Unterschriften gegen linke Gewalt und Ausländer. Da haben sogar Schwarze unterzeichnet, aus purer Angst.

Kurz nach der Vereinigung geht es auch Sacha an den Kragen. In der Weitlingstraße 122 packen ihn ein paar Nazis, pressen ihn an die Wand und fordern: „Rück die Bilder mit den Vietnamesen raus." Der Fotograf kann sich mit der Ausrede aus der Affäre ziehen, alle Filme seien im Labor, er werde sie ihnen aber geben. Danach beschließt er sofort, seine Reportage abzubrechen. Er hat ohnehin genug erlebt:

Deutschland gehört den Deutschen, sie sind dafür verantwortlich, und es ist ihre Sache, was sie daraus machen. Ich frage mich nur, warum sie immer wieder betonen, sie hätten die Lehren aus ihrer Vergangenheit gezogen, und dennoch die Leute aus der Bewegung über Monate hinweg einfach gewähren lassen. Aber wahrscheinlich wollen sich die Deutschen gar nicht mit der Tatsache auseinander-

setzen, daß die nationalsozialistische Flamme längst wieder brennt.

Sacha zeigt die Fotos, die er gemacht hat und für die er später mit dem renommierten World-Press-Award ausgezeichnet wird, auch seiner Großmutter, einer 80jährigen in Holland lebenden Asiatin. Die alte Frau, die häufig unter Fremdenhaß leiden mußte, betrachtet die Bilder intensiv, schüttelt den Kopf und sagt nur einen Satz: „Es ist gut, daß ich nicht mehr lange lebe."

Republikaner I:
Der geplante Aufstieg...

Ralf Neumeister war dabei, und es war einfach „super". Wie da der Schönhuber Franz in der Inntalhalle zu Rosenheim mal Klartext redete („Warum dürfen wir Deutschen nicht sagen: Besatzer raus?"). Und wie dann am Schluß die 1200 Delegierten des Republikaner-Parteitags „Deutschland einig Vaterland" skandierten – „super!" Wie unter „meinen Brüdern und Schwestern" ist sich der 22jährige Leipziger an diesem 14. Januar 1990 vorgekommen. Als ihm „der Franz" sogar die Hand drückte, da fühlte sich Ralf endgültig „super".

Eineinhalb Wochen später sammelt er im nach ranzigen Fett riechenden Hinterzimmer des Leipziger „Hotel am Listplatz" seine Getreuen um sich. 20 Republikaner, darunter zwei Mädchen, sind zu ihrer ersten halboffiziellen Versammlung gekommen. Die meisten aus Leipzig, ein paar aus der Umgebung, aus Lucka, Zwenkau und Groitzsch. Die jüngste ist 17, der älteste 27.

Ralf Neumeister, ein adretter junger Mann mit Kurzhaarschnitt und silbernem Ring im linken Ohrläppchen, hat in Rosenheim genau hingehört und hingesehen. Nun versucht er, den großen Vorsitzenden zu imitieren. Stemmt sich hoch, reckt sich und simpelt, die geballte Faust schüttelnd, drauflos, so laut, als müßte er sich in einer mittelgroßen Halle Gehör verschaffen. Später wacht er eifersüchtig darüber, daß kein anderer länger redet als er. Auch das hat er bei Schönhuber abgeguckt. Aber erst einmal strapaziert er das Wort „Schande".

Denn für den Schlosser Neumeister ist vieles „eine Schande". Was die Polen aus dem fruchtbaren Schlesien gemacht haben zum Beispiel. Oder daß „Mitteldeutschland jetzt ausvölkert und dann Polen, Neger und Fidschis ins Land geholt

werden". Daß die in der DDR sogar das Wahlrecht besitzen
– „alles Stimmen für die SED". Eine Schande, das. Genauso
wie das Gerede vom europäischen Haus, in dem sich nur
„Mafia und Camorra ausbreiten und auch bei uns Schutzgelder erpreßt werden", weshalb ein vereinigtes Deutschland unbedingt eine starke Truppe zum Schutz seiner
Grenzen braucht. Eine Schande ebenso, daß immer noch
Leute gegen die Wiedervereinigung sind – „die haben nur
Angst vorm Arbeiten". Aber jetzt gibt es ja endlich auch in
Deutschland-Mitte – in der DDR also – Republikaner. Die
sind für „Ordnung und Sitte". Und das findet Ralf Neumei-
ster wieder „super".

Die kleine Runde hört bei den gesammelten Stammtisch-
sprüchen kaum hin. Die 18jährige Krankenschwester Clau-
dia giggelt mit ihrer Freundin. Der 20jährige Schweißer
Thilo kritzelt in seinem Aufnahmeantrag – Mitgliedsbeitrag
zehn Mark, ein Konto in Leipzig ist eingerichtet. Der Rest
beschäftigt sich mit den Werbematerialien aus dem Westen:
Kartenspiele, Käppis, Feuerzeuge, Bierdeckel, alles mit dem
REP-Emblem bedruckt. Als der Elektriker André vor-
schlägt, zum Zwecke der Sympathiewerbung bis zu den
Volkskammerwahlen ein baufälliges Haus für kinderreiche
Familien instand zu setzen, geht das im allgemeinen Gequat-
sche unter.

Und von dieser Jungschar soll die braune Gefahr ausgehen, vor der die DDR-Linke so wortreich warnt? Franz
Schönhuber, in dessen Münchner Parteizentrale sich die
Fan-Post aus dem Osten stapelt, ist es gleichgültig, daß ihm
momentan nur der Nachwuchs nachläuft. Seine jungen Anhänger sollen in der DDR erst mal die Parteigründung
vorbereiten. Wenn die Republikaner dann offiziell agieren,
so sein Kalkül, kommen auch jene, die momentan noch
Angst haben, sich offen zu ihm zu bekennen – Leute zum
Vorzeigen, die man auch als Kandidaten präsentieren könnte.

Einige trauen sich schon jetzt. Wie Haiko Kühne, Betreiber einer Meisterwerkstatt für alte Uhren in Leipzig. 48 Jahre ist er alt, stammt, darauf legt er großen Wert, aus einer Arbeiterfamilie und kann sich vorstellen, für die Republikaner ein Mandat zu übernehmen. Zwar paßt ihm der Schönhuber Franz nicht ganz, weil der ja mal in der SS war. Aber das Parteiprogramm: Alle Achtung! Vor allem die Aussagen über die Frau haben es Kühne angetan: daß die im Mittelpunkt der Familie stehen soll und nicht, wie unter den Roten, arbeiten muß. Und dann die Forderung nach einem Deutschland in den Grenzen von 1937. Die „schönen deutschen Ostgebiete" gehören heim ins Reich: „Die Polen müssen dort natürlich weiter leben können."

Kühne spricht ohne Schaum vorm Mund, ganz sachlich. Solche Parteigänger brauchen die Republikaner. Um sie zu gewinnen hat Schönhubers Truppe eine clevere Strategie entwickelt, eine Art Drei-Stufen-Plan.

Stufe 1: Seit Anfang des Jahres karren bundesdeutsche Republikaner kiloweise Werbematerial in die DDR, vor allem nach Leipzig, wo sie das größte rechtsextreme Potential vermuten – Aufkleber („Deutschland zuerst"), ihre Parteizeitung „Der Republikaner" („Wiedervereinigung jetzt"), Flugblätter („Kein Ausländerwahlrecht") und eigens für die DDR entworfene Plakate („Sozialismus ist Beschißmus. Schluß damit"). Die Polizei sieht dem Propaganda-Treiben hilflos zu. „Gegenwärtig", sagt Oberstleutnant Karl-Heinz Straube von der Volkspolizei, „verfügen wir über keinerlei Möglichkeiten, gegen derartige Erscheinungen strafrechtlich vorzugehen."

Stufe 2: Seit Mitte Januar agiert der Garmisch-Partenkirchener Fabian Niedermeier, von Schönhuber zum „Beauftragten für Mitteldeutschland" ernannt, in Leipzig. Der 21jährige Groß- und Außenhandelskaufmann soll gezielt Mitglieder für die Partei keilen, indem er DDR-Bürger aufsucht, die an die bundesdeutschen Republikaner geschrieben haben. Außerdem hilft er dem Jung-Volk um Ralf Neumeister beim Aufbau ihrer Organisation. Und er soll darauf achten, daß der Schönhuber-Anhang zumindest in der Öffentlichkeit keine allzu lauten Töne spuckt.

Stufe 3: Die Republikaner wollen sich in der Messestadt offiziell als Partei-Verband konstituieren. Da Schönhuber nicht in die DDR einreisen darf und sich deshalb schon zum „Staatsfeind Nummer eins" hochstilisieren kann, sollen sein Adlatus Harald Neubauer oder die Europa-Abgeordnete Johanna Grund auf der Gründungsversammlung reden. Das Parteiprogramm wird fast vollständig aus dem Westen übernommen, die Parteibücher werden von der Münchner Zentrale ausgegeben – mit fortlaufenden Mitgliedsnummern West.

Bis zu den Volkskammerwahlen wollen die Republikaner DDR-weit agieren. Der Parteichef ist schon ausgeguckt. „Wir haben", sagt Ralf Neumeister, „nur einen Vorsitzenden: den Franz." Ein Volk, ein Reich, ein Schönhuber.

„Was hier im Moment passiert", sagt Hans-Joachim Brustmann vom Rat der Stadt Leipzig, „ist die totale Übertragung einer Partei der Bundesrepublik auf das Territorium der DDR." Den Republikanern kommen dabei, paradox genug, die chaotischen Zustände im Land zupaß. Weil es kein gültiges Parteiengesetz gibt, so Brustmann, „können wir nichts dagegen machen, daß sich so eine Partei gründet".

Hinter der Leipziger Oper macht Fabian Niedermeier Front gegen die Überlegung des Runden Tisches in Berlin, die Republikaner womöglich doch zu verbieten. Schnell hat sich eine Menschentraube um den jungen Bayern gebildet. „Wir sind keine Nazis", agitiert Niedermeier, „aber die DDR ist schon wieder auf dem Weg zum totalitären Staat, wenn wir nicht zugelassen werden." Und: „Die bisherige Parteienlandschaft hier ist doch nur der linke Flügel des deutschen Adlers, der rechte fehlt."

Zwei Jugendliche versprechen, für die Republikaner zu

werben. Sie sind angetrunken. Niedermeier gibt ihnen einen Schnellkurs in Sachen Parteidisziplin: „Denkt daran, Republikaner sind anständige Menschen. Wir sagen ‚bitte' und ‚danke' und bieten alten Damen in der Straßenbahn den Platz an."

Etwas abseits stehen derweil zwei Skinheads und posieren für die Fotografen mit dem Hitler-Gruß. Es sind dieselben, die auf den Montags-Demos rufen: „Deutschland einig Vaterland, Modrow, Gysi an die Wand." Fabian Niedermeier versichert: „Die gehören nicht zu uns. Mit denen wollen wir nichts zu tun haben." Sein Parteifreund Elmar, 21, sieht das nicht ganz so eng. „Wenn die Glatzen uns wählen", sagt er, „ist mir das titte."

Republikaner II:
...und der tiefe Sturz

Etwa 18 Monate später. Parteitag der sächsischen Republikaner in Leipzig. Am Rednerpult Franz Schönhuber, einer der großen Verlierer der deutsch-deutschen Geschichte zwischen dem 9. November 1989 und dem 2. Dezember 1990. Da hatte er als einziger namhafter Politiker noch einigermaßen ernsthaft für die Wiedervereinigung gestritten, und als die dann tatsächlich und wider Erwarten kam, wollte dem Schönhuber Franzl keiner das Engagement so recht danken.

Bei den Bundestagswahlen im Dezember 1990 feierte die CDU unter Einheits-Kanzler Kohl den Sieg; die Republikaner, die anderthalb Jahre zuvor ins Europaparlament eingezogen waren, erreichten unter ferner liefen und einem Prozent das Ziel. Dabeisein war für Schönhuber, wie zu seinen SS-Zeiten, mal wieder alles. Zuvor, im März 1990, bei den einzigen freien Volkskammerwahlen in der DDR, hatte seine Truppe nicht einmal antreten dürfen – sie war verboten worden. Die für ein Mandat in der Volkskammer nötigen 0,25 Prozent hätten die Republikaner, die nun ein Deutschland in den Grenzen von 1937 forderten, locker erreicht.

Auch daheim im Westen nichts als Ärger im geschichtsträchtigen Jahr 1990. Im Mai erzwangen die Hardliner um den Ex-NPD-Funktionär Harald Neubauer im Bundesvorstand Schönhubers Rücktritt. Nur zwei Monate und etliche der berüchtigten parteiinternen Intrigen später war der Parteivorsitzende wieder in Amt und Würden – nach einem mehr als umstritten verlaufenen Parteitag. Generalsekretär Neubauer gründete daraufhin mit seiner Gefolgschaft die „Deutsche Liga für Volk und Heimat", die dank eines DVU-Überläufers inzwischen sogar über einen Sitz in der Bremer Bürgerschaft verfügt. Die Republikaner dagegen blieben bei allen Landtagswahlen seit Anfang 1990 relativ erfolglos – ihr bestes Ergebnis erreichten sie im Saarland mit 3,3 Prozent.

Und nun sucht Franz Schönhuber also wieder den Osten heim, wo er bessere Chancen für die Zukunft der Republikaner erblickt. In Sachsen sieht die erst einmal so aus: düster. 33 Posten im Landesvorstand sind zu vergeben, aber nur 32 Delegierte zum Parteitag am 20. Juli 1990 gekommen. Mehr Angebot als Nachfrage. Nach eigenen Angaben zählen die Republikaner in Sachsen 500 Mitglieder. Zum Landesvorsitzenden wird der 48jährige Kaufmann Winfried Petzold aus Leipzig gewählt, der freimütig bekennt, was ihn für das Amt qualifizierte: „Na ja, als wir vor sechs Wochen meinen Vorgänger aus der Partei ausgeschlossen haben, mußten wir uns im Landesvorstand ja etwas überlegen, und ich war eben der einzige, der ein Telefon hat."

Am Abend tritt Schönhuber auf einem Nebenplatz des Leipziger Zentralstadions auf. Etwa 500 Zuhörer sind gekommen, nicht gerade viel, darunter auch einige Neonazis um den FAP-Vorsitzenden Friedhelm Busse („Busse mit SS"). Sie alle erwarten harte Verbalkost, härtere, als sie selbst einer wie Schönhuber zu bieten bereit ist. Als er ein Kapitel seiner Ausführungen mit der rhetorischen Frage beginnt „Was denken wir zu den Ausländern?" schwillt sofort ein lautstarker Sprechchor an: „Deutschland den Deutschen. Ausländer raus."

Und als Schönhuber sagt, die Türken hätten in Deutschland jahrelang die Dreckarbeit gemacht und könnten jetzt nicht einfach abgeschoben werden, schallt ihm Hohn entgegen: „Arschloch", „Verpiß dich". Schließlich brüllt auch noch der FAP-Trupp „Heil Hitler" und hebt die Arme zum Hitler-Gruß. „Das sind Halbirre, mit denen will ich nichts zu tun haben", schreit Schönhuber ins Mikrophon.

Zwei Monate später, Ende September, als sich die Brandenburger Landespartei trifft, gilt das offenbar nicht mehr uneingeschränkt. Vor der Stadthalle in Neubrandenburg werden die Einlaß begehrenden Skins nur auf guten Benimm eingestimmt. „Keine faschistischen Äußerungen. Keine Ausländer-raus-Sprechchöre. Kein Hitler-Gruß. Keine Waffen. Die könnt ihr bei uns am Eingang abgeben. Nach der Kundgebung, das verspreche ich euch, bekommt ihr die wieder", zitiert Axel Vornbäumen in der *Frankfurter Rundschau* den Republikaner-Zerberus am Eingang. Danach also darf wieder Jagd auf Ausländer gemacht werden, mit augenzwinkerndem Einverständnis. So geschieht's auch. Die Opfer sind zwei Vietnamesen. Aber das ist nur einer von vielen Überfällen auf Ausländer in der Bundesrepublik an diesem Tag, eine Woche nach Hoyerswerda.

Noch einmal zwei Monate darauf, auf dem Parteitag der bayerischen Republikaner im November, nimmt Schönhuber die brandschatzenden Neonazis sogar in Schutz. „Diese jungen Menschen darf man nicht kriminalisieren", sagt er. Und: „Auch ich war einmal sehr jung und sehr heißblütig" – und in der SS, deren Nachahmern er jetzt einen Persilschein ausstellt: „An Hoyerswerda sind nur die satten und faulen Politiker in Bonn schuld, die die Entdeutschung Deutschlands betrieben haben."

Es ist der Tribut Schönhubers an den härter gewordenen rechten Zeitgeist. Was die Republikaner jahrelang propagierten, setzen Neonazis nun schlagkräftig in die Tat um: Ausländer raus. Und sie haben momentan den Mitgliederzulauf im Osten, nicht die Republikaner. Es ist Schönhubers derzeitiges Dilemma: Er ist zwar extrem, aber vielen nicht extrem genug. Die Geister, die er rief, sagen sich von ihm los: Wenn schon rechtsradikal, dann auch richtig.

Schönhuber aber darf sich damit trösten, daß mehr denn je gilt, was der Wiesbadener Soziologe Konrad Schacht nach Veröffentlichung der Sinus-Studie Anfang der achtziger Jahre – Ergebnis: 13 Prozent der Altbundesbürger haben ein geschlossen rechtsradikales Weltbild – schlußfolgerte: „Der

Anteil der Wähler, der sich für rechtsextreme Parteien ent-
scheidet, ist nur ein geringfügiger Teil dessen, was in unserer
Gesellschaft an rechtsextremen Einstellungs- und Protest-
potential existiert und was zum Beispiel in Krisensituationen
zugunsten einer rechtsextremen Partei mobilisiert werden
könnte."

Denn wenn sich der rechtsextreme Otto Normalwähler
aus der Deckung traut, dann könnten auch die Republikaner
wieder absahnen – als etwas seriösere Ausgabe der prügeln-
den Rechtsradikalen-Horden.

Eberswalde – ein Fallbeispiel

Der dünnschißgelbe Trabbi ist schon von weitem zu hören, knatternd, röhrend, hupend. Crashtestverdächtig schleudert der Wagen auf den Parkplatz hinter dem Jugendclub „Zum Specht", aus dem Seitenfenster weht eine Deutschlandflagge mit der Aufschrift „SS – Sieg Heil". Als der Motor ausgehustet hat, versteht man auch den Text, der aus den eingebauten Lautsprecherboxen dröhnt: „Joseph Goebbels unser Mann, Propaganda schreitet voran".

Die Türen fliegen auf. Auftritt Schulle, 29, Kuli, 23, und Rocco, 23, alle im Ausgehanzug: Bomberjacke und Springerstiefel. Sie sind, wie fast jedes Wochenende, auf der Suche nach Amusement, von A wie Alkohol bis Z wie Zoff. Und wo die drei jungen Männer auftauchen, ist beides nicht fern.

Im „Specht" warten bereits ein paar Kameraden mit Bierflaschen und der alles entscheidenden Frage: Wo kann man später noch Linke aufmischen? Ausländer, sagt Schulle, der in Berlin auf dem Bau malocht, wären ihnen ja lieber. Aber die sind inzwischen fast alle weg. „Wegen uns."

Ein typischer Freitagabend im brandenburgischen Eberswalde, einem Städtchen 50 Autominuten nordöstlich von Berlin. Die Abendsonne hat die Betonwüste namens Max-Reimann-Viertel in mildtätiges Zwielicht getaucht. Fünfstöckige Wohnsilos, so weit man blickt. 18 000 Menschen sind hier untergebracht, ein Drittel der Eberswalder Bevölkerung plus ein paar Angehörige der Sowjetarmee, deren Wohnungen man an Spanplatten vor den eingeworfenen Fenstern erkennt. Eine Kaufhalle, null Kneipen. Arbeiterintensivhaltung, Lagerkoller garantiert. Wer hier nicht verrückt wird, kann nicht ganz normal sein.

Am Wochenende tanzen, saufen oder prügeln sich die Jugendlichen im „Specht" den Frust von der Seele. Der Flachbau ist so groß wie ein halbes Fußballfeld und so heimelig wie eine Bahnhofshalle. Ein paar Teenies rappen im gnädigen Dreivierteldunkel. „Ice, Ice, Baby".

Plötzlich wechselt die Musik. Etwa 30 Glatzen und Bomberjacken stürmen die Tanzfläche, heben den Arm zum Hitler-Gruß und stampfen los zum monotonen Beat der Hardcore-Version von „Zehn kleine Negerlein". Den Refrain krakeelen alle mit: „Husch, husch, husch – Neger in den Busch".

Die folgenden Lieder stehen allesamt auf dem Index, der Discjockey weiß es. Er weiß aber auch: Weigert er sich, die Fascho-Cassetten zu spielen, kann er seine Anlage abschreiben. Die ist ihm einmal zertrümmert worden, das reicht. Und die Polizei? Der junge Mann zieht abfällig die Mundwinkel nach unten. „Die VP", sagt er, „kommt natürlich, wenn man sie ruft. Aber immer erst, wenn alles vorbei ist."

Draußen steht Andreas Berein am Geländer. Auf die Fingerrücken seiner rechten Hand sind die Buchstaben H-A-S-S tätowiert, an der Jacke prangt ein Button mit der Aufschrift „Apartheid – was sonst". So emotionslos, als verläse er die Wasserstandsmeldung, erzählt der 19jährige Elektromaschinenbauer, wie sie den „Schwatten plattgemacht" haben. „Der ist erst mit dem Baseballschläger niedergeknüppelt worden. Dann kam der Kopf auf die Bordsteinkante, und da wurde" – Berein geht in die Hocke und schlingt die Arme um die Knie – „so mit voller Wucht draufgesprungen."

Ausnahmsweise ist das keine der im rechten Lager gern verbreiteten Heldenlegenden, sondern brutale Realität in Deutschland-Ost. Andreas Berein war dabeigewesen am 24. November 1990, als in Eberswalde die neonazistische Hatz auf Ausländer in der Ex-DDR das erste Todesopfer forderte, den 28 Jahre alten Angolaner Antonio Amadeu.

An jenem Samstag eskalierte die Gewalt, Schritt für Schritt, Stunde um Stunde. Zehn Neonazis aus dem Kreis Angermünde waren angerückt, um sich mit Eberswalder „Kampfgefährten" in der Wohnung von Tristan Dewitz zu treffen. Der 21jährige gelernte Maler plante gerade die Gründung eines „Deutschnationalen Bundes", dessen „Spezialität nicht etwa politische Auseinandersetzung, sondern ideologische Kriegsführung, verbunden mit militärischen Aktionen, ist", wie es in einem von Dewitz mit ausgearbeiteten Thesenpapier heißt.

Die erste „Aktion" lief am frühen Abend. Die Bande fuhr mit dem Bus zum Marktplatz, demolierte und plünderte den Imbißwagen eines türkischen Kebab-Verkäufers. Danach ging's in die Disco „Rockbahnhof". Dort beschlossen die Neonazis, inzwischen rund 30 Mann stark, zum „Hüttengasthaus" zu ziehen, der einzigen Kneipe in Eberswalde, in der Ausländer auch nach der Wende willkommen sind. Auf dem Weg dorthin vermöbelte der Trupp willkürlich Passanten und drosch mit Baseballkeulen auf geparkte Autos ein. Die inzwischen alarmierte Polizei folgte, ohne einzugreifen, im Sicherheitsabstand.

Den hielt sie auch ein, als es kurz vor Mitternacht beim „Hüttengasthaus" zur Schlacht kam. 30 mit Keulen, japanischen Kampfhölzern, Fahrradketten und Messern ausgerüstete Rechtsradikale gegen vier unbewaffnete Angolaner. Der erste konnte fliehen. Der zweite wurde mit einem Baseballschläger niedergestreckt. Der dritte bekam mehrere Messerstiche in den Bauch und blieb schwerverletzt liegen. Der vierte, Antonio Amadeu, starb tags darauf an den Folgen von Tritten und Schlägen. Sechs bis acht Neonazis hatten auf ihn eingedroschen, auch noch, als er regungslos am Boden lag.

Man könnte die Art und Weise, wie Amadeu getötet wurde, Mord nennen. Schließlich waren die Beweggründe niedrig. Zumindest müßte man es Totschlag nennen oder, allerwenigstens, Körperverletzung mit Todesfolge. Die Anklage wird aber nur auf Landfriedensbruch und Beteiligung an einer Schlägerei lauten. Vor Gericht verantworten müssen sich nur vier der Täter, allen voran der 20jährige Gemeindearbeiter Kay-Nando Böcker, der bei seiner Vernehmung ungerührt zu Protokoll gab: „Deutschland gehört den Deutschen, die Ausländer müssen verschwinden."

„Wir stehen vor einem gewaltigen Problem", erklärt Staatsanwalt Wolfgang Grabka, weshalb nur vier der Täter angeklagt werden. „Wir müssen jedem einzelnen seinen genauen Tatbeitrag nachweisen, also konkret sagen können: Dieser Schlag hat zu dieser Verletzung geführt." Schwierig genug, und noch schwieriger geworden, weil sich „die Beteiligten leider gegenseitig entlasten". Und die Polizisten, die alles beobachtet haben? Grabka bemüht sich sichtlich um vorsichtige Formulierungen. „Von denen", sagt er, „haben wir leider kaum konkrete Aussagen." Vielmehr sei durch eine „gewisse Unerfahrenheit beim Zugriff" die Aufklärung „sogar erschwert" worden.

Diese „gewisse Unerfahrenheit" hatte Horst Schulz, der Besitzer des „Hüttengasthauses", schon zwei Monate vor dem Mord an Amadeu kennengelernt. Irgendwann im September, es war gegen Mitternacht, der Laden „rappelvoll", kam ein Anruf von der Polizeiwache: „Sichern Sie Ihr Objekt. Da sind 40, 50 Skinheads im Anmarsch." Schulz, 59, ließ die Rollos runter und drehte die Musik leiser.

Nach einer Stunde aber konnte er seine Gäste, in der Mehrzahl Schwarze, nicht mehr zurückhalten. „Der erste, der rausging, kriegte gleich einen Baseballschläger vor den Bauch. Der hat sofort gekotzt. Dann ging das Gebrüll los: Negerschweine, Negerschweine. Und die Polizei stand da mit ihren Wagen. Die haben sich das nur angeguckt."

Ist es da ein Wunder, daß Eberswalder Neonazis fast ins

Schwärmen geraten, wenn sie von der Polizei reden? „Früher", sagt Rocco, dessen Körper mit Tätowierungen übersät ist, „haben sie uns die Türen eingetreten und die Fresse poliert. Jetzt lecken sie einem bald den Arsch ab." Und Tristan Dewitz erzählt von einem Polizisten, „der uns Tips gegeben hat, wo und wann die Bullen auftauchen werden".

Hmm. Hmm. Jaaa. Doch, das könne schon wahr sein, sagt Kriminalrat Hartmut Müller, Leiter der Eberswalder Kripo. „Aber der Polizist hat inzwischen gekündigt." Auch kann sich der 52jährige vorstellen, daß der eine oder andere klammheimlich Sympathien für die rechte Szene empfindet: „Sie wissen ja, daß die Republikaner bei der Polizei stark vertreten sind."

Ansonsten aber ist Müller stolz auf seine Leute: „Wir haben den Übergang zur neuen Rechtsordnung relativ gut gepackt, mit Krafteinsatz und Elan. Jawoll." Und sein Kollege Eberhard Herrmann, 46, glaubt gar, das Problem Rechtsradikalismus („Da gibt's nur vereinzelt Zwischenfälle") voll im Griff zu haben: „Wir kennen unsere Pappenheimer und sind wegen starker Kräftekonzentration in der Lage, entsprechend zu handeln."

Gut gebrüllt, Papiertiger. Die Realität sieht anders aus. Mitte Juni 1991 fahren zwei Streifenwagen am „Roten Platz" vor, einer heruntergekommenen Siedlung am Rande der Stadt, wo Tristan Dewitz und einige Kameraden wohnen. Die Polizisten suchen einen Fahrerflüchtigen, der mit einem geklauten Auto in ein Schaufenster gedonnert ist. Sie finden ihn. Der Mann besitzt keinen Führerschein, ist stockbesoffen und der Polizei von ähnlichen Straftaten gut bekannt.

Als die Beamten ihn mitnehmen, rasten rund 15 Neonazis aus. Sie zerbeulen die Polizeiwagen mit Baseballschlägern. Danach ziehen sie vors Revier und fordern die Herausgabe ihres Freundes. Nach zwei Stunden ist es soweit. Der Freigelassene verabschiedet sich mit den Worten „Tschüs, bis zum nächsten Mal."

Eberswalde im Sommer 1991, sieben Monate nach dem Mord an Antonio Amadeu. Neonazis brettern mit ihren „Kampfpappen", tarnfarben gestrichenen Trabbis, durch die Stadt, schwenken die Reichskriegsflagge und brüllen „Heil Hitler". Einem 15jährigen Mädchen wird auf dem Weg in die Disco mit einer Gaspistole aus nächster Nähe ins Gesicht geschossen. Zehn Skinheads verprügeln auf dem belebten Marktplatz Vietnamesen, die geschmuggelte Zigaretten verkaufen, und „konfiszieren" die Ware. Im nahen Durchgangslager Althüttendorf bedrohen Rechtsradikale die Asylbewerber mit Schreckschußpistolen. Am „Roten Platz" wird Neonazi René, 19, überfallen, gewürgt und mit einem Messer in den Rücken gestochen – offenbar ein Racheakt. Die Truppe hatte kurz zuvor jemanden kräftig vermöbelt. Wen, will René nicht sagen, auch der Polizei nicht. Solche Sachen macht man unter sich aus.

Konsequenzen: keine. Prinzip: Augen zu und durch. Vergessen, verdrängen, verharmlosen. Am besten nichts sehen, nichts hören, nichts tun. Und Schuld abschieben.

„Wir haben doch auch Angst", sagt Polizeiobermeister Werner Klawitter. „Wenn wir uns zu sehr mit den Rechten anlegen, rächen die sich vielleicht an unseren Familien." Und außerdem hätten die Polizisten langsam die Schnauze voll: „Wenn wir mal einen festnehmen, müssen wir ihn gleich wieder laufenlassen, weil die Staatsanwaltschaft schleppend arbeitet." Staatsanwalt Wolfgang Grabka dagegen behauptet, ihm liege keine einzige Anzeige gegen Neonazis vor. „Bei uns ist nichts strafrechtlich Relevantes aufgelaufen." Aber das ist nur eine Merkwürdigkeit in einer an Merkwürdigkeiten reichen Stadt.

Im „Stettiner Hof" steht Jürgen Maluschke hinterm Tresen und läßt Pils für die Nachmittagszecher in die Gläser zischen. Gäste aus der rechten Szene sind bei ihm willkommen. „Das sind alles anständige Jungs", sagt der Kneipier. „Für die lege ich meine Hand ins Feuer." Na ja, daß da ein

Ausländer totgeschlagen wurde, finde er auch nicht in Ordnung. Das habe er den „Jungs" auch gesagt. Und daß sie lieber mal was machen sollten, womit sie Anerkennung bei der Bevölkerung finden „Es gibt doch jetzt so viele Einbrüche. Legt euch nachts mal auf die Lauer, schnappt ein paar Gangster, bindet sie an einen Baum und hängt ihnen ein Schild um: ‚Ich bin ein Verbrecher'. Das würde den Leuten gefallen."

Ach ja: Jürgen Maluschke, Jahrgang 1940, ist Mitglied der FDP.

Im Keller seines schmucken Einfamilienhauses an der Hauptstraße betreibt Uwe Ender einen „Military Shop". Neben Jagdgewehren bietet er vor allem Gas- und Schreckschußpistolen feil. Und Bücher vom Kaliber „Adolf Hitler aus nächster Nähe" sowie Aufnäher „Ich bin stolz, ein Deutscher zu sein". Bis zu 20 000 Mark setzt Ender monatlich um, „für so eine kleine Stadt eine ganze Menge". Ist ein gewünschter Artikel nicht vorrätig, kein Problem. „Ich bestelle, was die Kunden verlangen. Und wenn sie was von Adolf Hitler verlangen, besorge ich es eben auch. Wenn die Leute bei mir nicht bekommen, was sie wollen, holen sie es sich doch woanders."

Ach ja: Uwe Ender, 45 Jahre, war mal Genosse und im Rat des Kreises zuständig für Sicherheit.

In der 8. Oberschule führt Karin Griebner – hochgeschlossene weiße Bluse, zurückgekämmtes Haar, strenge Hornbrille – seit neuestem ein liberales Regiment. Bei ihr dürfen Schüler ihre Meinung jetzt laut und frei sagen. Wie der 15jährige Marco: „Den Nigger-Mord find' ich gut. Ohne Gewalt geht's manchmal nicht." Oder wie Dennis, ebenfalls 15: „Wenn die Ausländer nicht abhauen, müssen wir eben wieder KZs bauen." Na ja, sagt die Frau Direktorin, die Jungen hätten wenigstens gelernt, ihre Ansichten zu artikulieren. „Das muß man akzeptieren. Die Hauptsache ist doch, daß meine Schule läuft." Und schließlich, sagt sie, habe sich

„auch unsere eigene Einstellung geändert. Manche Asylanten treten so frech und arrogant auf, das kann man doch nicht hinnehmen."

Ach ja: Karin Griebner, 40 Jahre, war mal als SED-Mitglied erklärte Antifaschistin und für Völkerfreundschaft und internationale Solidarität.

Ein ganz normaler Samstagabend in einer ganz normalen deutschen Kneipe, dem „Keglerheim". Irgendwie haben sich zwei Schwarze hierher verirrt. Sofort hebt am Stammtisch Geschrei an. „Macht, daß ihr rauskommt, ihr Affen!" Detlev, 25 Jahre, und momentan so blau wie blond, klatscht demonstrativ die Faust in seine linke Pranke und grölt: „Sonst setzt's was, Negersäue! Das ist eine deutsche Kneipe." Die beiden verschwinden.

Als Fotograf Ludwig Rauch Bilder von den Stammtischlern machen will, schnellen sofort drei Arme zum Hitlergruß in die Höhe, und drei Männer brüllen: „Für Führer, Volk und Vaterland." Nach weiteren Tiraden gegen die „Scheiß-Schwatten" wendet eine Frau schüchtern ein: „Aber es gibt doch kaum noch welche hier." Detlevs Antwort: „Noch genug. Aber die kriegen wir alle weg."

Jorge ist einer der wenigen Ausländer, die in Eberswalde geblieben sind; vor der Vereinigung waren es mehr als 2000. Seinen vollständigen Namen will der 27jährige Angolaner nicht nennen. Er hat Angst. „Man muß aufpassen", sagt er. „Auf der Straße gehe ich Leuten, die ich nicht kenne, aus dem Weg. Früher war das anders hier." Jorge arbeitet in der Fleischwarenfabrik, zerlegt im Zwei-Schicht-System Schweine. Ein harter Job. Aber wenn ihn jemand fragt, ob er Arbeit habe, sagt er nein. Vorsichtshalber. „Denn sonst gibt es Probleme."

Ein ganz normaler Nachmittag in einer nicht ganz so normalen deutschen Kneipe. Horst Schulz, der Wirt des „Hüttengasthauses", stützt den Kopf in die Hände. „Jetzt habe ich auch schon Angst", sagt er. „Aber wer hat hier keine Angst?

Es herrscht ja Gesetzlosigkeit. Sehen Sie, diese Rechtsradikalen, die den Amadeu umgebracht haben, die kriegen vielleicht drei, vier Jahre, dann kommen sie raus aus dem Knast
und stechen den nächsten ab." Seine Augen blicken müde.
„Ach", sagt er, „wir leben in schlimmen Zeiten."

Der KZ-Supermarkt
von Fürstenberg

Die neue Zeit hat in Fürstenberg, dem „Tor zur Mecklenburger Seenplatte", schon deutliche Spuren hinterlassen. In der Fritz-Reuter-Straße bietet ein Händler „Video, CB-Funk und Erotica", aus dem Jugendclub ist längst eine „Jugendfreie Familienvideothek" geworden. Und auf der Terrasse von „Sylvia's Fitness-Center" aalen sich drei in Badetücher gehüllte Frauen in der Nachmittagssonne.

Nur auf dem Areal schräg gegenüber ist das Unternehmen Marktwirtschaft ins Stocken geraten. Die Werbetafel mit dem Slogan „Alle bauen auf Kaiser's, hier baut man mit Kaiser's", liegt, Schriftbild nach unten, auf dem Boden. Ein paar Arbeiter lümmeln unschlüssig vor dem 3000-Quadratmeter-Bau herum. Eben haben sie Anweisung bekommen, die Leuchtreklame für den Supermarkt nicht zu montieren. Es ist, am Donnerstag, dem 18. Juli 1990, der erste Schritt zum endgültigen Aus für das umstrittene Projekt.

Gestoppt hat es die brandenburgische Landesregierung. Denn der fast fertiggestellte Verbrauchermarkt steht auf blutgetränktem Boden. Das Gelände, von der Stadt als Gewerbegebiet ausgewiesen, gehörte zum Konzentrationslager Ravensbrück, in dem die Nazis zwischen 1939 und 1945 über 90 000 Frauen und etwa 1000 Kinder aus 23 Ländern ermordeten.

Wo nach dem Willen der Fürstenberger ein buntes Warensortiment angeboten werden sollte, waren früher Tischlerei und Kartoffelmiete des Konzentrationslagers. Direkt daneben verläuft die „Straße der Nationen" zum 600 Meter entfernten Lager. Mit bloßen Händen mußten die weiblichen KZ-Häftlinge, angetrieben von SS-Aufseherinnen mit Lederpeitschen, den Weg pflastern; wer „arbeitsunfähig" war, endete in der Gaskammer. Durchhalten erforderte fast übermenschliche Willenskraft. Die tägliche Essensration bestand zuletzt aus 200 Gramm Brot und Wassersuppe aus Steckrüben.

An einer Wand des Zellentrakts von Ravensbrück hängt ein kleines Leinentuch mit einer blauen Friedenstaube. Rechts oben in der Ecke steht eine handschriftliche Mahnung von Maria Göbelsmann, Häftlingsnummer 8064, die als eine von wenigen die Torturen im Frauen-KZ überlebte: „Möge von hier eine große und andauernde erzieherische Wirkung ausgehen. Dann sind unsere Kameradinnen nicht umsonst gestorben."

Ein allzu frommer Wunsch. Denn in Fürstenberg versteht man die Empörung über das Supermarkt-Projekt noch immer nicht, will man nicht begreifen, warum etwa Heinz Putzrath, Vorsitzender der Arbeitsgemeinschaft verfolgter Sozialdemokraten, von einem „unverzeihlichen Akt der Gefühllosigkeit und Geschichtsverdrängung" spricht.

So befindet ein Mann, Mitte 30, vor laufenden Fernsehkameras: „Warum soll da kein Supermarkt hin, wo man billig einkaufen kann?" Und eine junge Frau attestiert: „Das berührt mich nicht mehr, was da mal war. Bei all den Problemen, die es sonst noch gibt." Als Mitglieder der Lagergemeinschaft Ravensbrück vor dem Bau eine Mahnwache gegen dessen Fertigstellung halten, werden sie von Fürstenberger Bürgern beschimpft; es kommt fast zu Handgreiflichkeiten.

In der 6500-Einwohner-Stadt an der Havel wird in diesen Julitagen einmal mehr offenbar, was 40 Jahre von oben verordneter Antifaschismus hinterlassen haben: eine Vielzahl von Anti-Antifaschisten. „Die meisten Leute hier wollen mit der Verdrängungslüge leben und keine Verantwortung dafür übernehmen, was im Lager einst passierte", sagt Pfarrer Eberhard Erdmann. Das sei aber zu SED-Zeiten kaum anders, das zweimal jährlich verordnete Pflichtgedenken im

KZ nur „Pietätsgedusel" gewesen: „Man wurde dahin ab-
kommandiert, machte ein entsprechend ernstes Gesicht,
legte einen Kranz nieder und ging. Damit war die Sache bis
zum nächsten Mal überstanden."

Was der Gottesmann erzählt, ist freilich nur ein Teil der
Wahrheit. Denn viele Fürstenberger gingen ausgesprochen
gern zu den Gedenkveranstaltungen. Weil an diesen Tagen
nämlich die bestens bestückte Kaufhalle der „Freunde", der
Sowjetarmisten, auch für Deutsche geöffnet hatte. „Die
Feier war noch nicht richtig zu Ende", erinnert sich PDS-
Gemeinderat Ernst Otto, „da hat schon alles die Beine in die
Hand genommen und haste-was-kannste-was an die Ware."
Teilweise seien die Sowjets sogar mit einem Lastwagen vor-
gefahren, von dessen Ladefläche sie verkauften, was der
Fürstenberger Herz begehrte.

Auch die Kaufhalle der Rotarmisten liegt auf dem ehemaligen KZ-Gelände, das die Sowjets nach der Befreiung 1945
fast vollständig okkupierten. Daran störte und stört sich niemand in Fürstenberg. Ebensowenig, wie sich die Bevölkerung am Zirkus störte, der zu DDR-Zeiten regelmäßig sein
Zelt dort aufschlug, wo nun Kaiser's baut. Oder an den
Betrieben wie der Baufirma „Spezialbau GmbH", die ebenfalls im früheren Konzentrationslager angesiedelt sind. Pie-
tätlosigkeit gehörte offenkundig zum Programm in Fürstenberg. Der alte SED-Gemeinderat genehmigte 1989 sogar
noch den Bau eines Autohauses direkt neben dem KZ-
Parkplatz – das Vorhaben wurde allerdings vom Nach-Wen-
de-Parlament wieder verworfen.

Die Chance, nach und nach ein würdigeres Umfeld für die
Gedenkstätte zu schaffen, machten die Fürstenberger Volks-
vertreter mit ihrem Supermarkt-Votum allerdings wieder
zunichte. Pfarrer Erdmann, 46, war das einzige Mitglied der
Stadtverordnetenversammlung, das gegen die Kaiser's-An-
siedlung protestierte. Seine Abgeordneten-Kollegen verba-
ten sich die Kritik. Nun fühlen sich die Täter in bester

Wende-Tradition sogar als Opfer. Eine „Kampagne der Weltpresse" gegen Fürstenberg hat zum Beispiel Volker Kühn ausgemacht. „Die Häftlinge haben hier viele Straßen gepflastert", sagt der FDP-Mann, „die kann man doch nicht alle unter Denkmalschutz stellen."

Bürgermeister Wolfgang Engler, einst linientreues SED-Mitglied, jetzt parteilos und von der Fürstenberger Mehrheitspartei SPD ins Amt gehievt, bedauert inzwischen die „nicht vorhersehbare" Situation: „Wir wollten doch nur die Versorgung unserer Bevölkerung verbessern und nicht als Kulturbarbaren auftreten."

Der 47jährige Architekt hat allerdings alles dazu getan, genau diesen Eindruck zu erwecken. Mit seiner Äußerung, endlich pulsiere an der Straße der Nationen wieder „das normale Leben". Mit seiner Ansicht, das Barackenlager im KZ verfüge über „Gleisanschluß, wäre also ideal als Gewerbegebiet". Mit seiner privatim geäußerten Meinung, das Mahnmal für die Opfer von Ravensbrück verschandele die Aussicht über den Schwedtsee und gehöre „eigentlich weg".

Und mit seiner unvergleichlichen Ignoranz. Als Engler Protestbriefe französischer Ravensbrück-Überlebender erhielt, bemühte er sich gar nicht erst um eine Übersetzung: „Die Amtssprache ist nun mal deutsch." Genau das, sagt eine Mitarbeiterin der Gedenkstätte Ravensbrück, hätten sich die Frauen vor 50 Jahren schon einmal anhören müssen – im KZ durften sie nur Schreiben in deutscher Sprache empfangen.

Freilich: In der Supermarkt-Affäre hat sich auch die Gedenkstellen-Leitung nicht gerade mit Ruhm bekleckert. Erst stimmte Direktor Eberhard Dentzer der Ansiedlung ausdrücklich zu, dann schrieb er sogar an die Stadtverwaltung, es sei „wünschenswert, wenn noch ein Café hinzugebaut würde", und mußte schließlich von seinen Mitarbeitern zum Protestieren gegen den Supermarkt getragen werden. Inzwi-

schen gehen in der Gedenkstelle allerdings anonyme Droh-
anrufe ein: „Euch verheizen wir auch noch."

Die meisten Fürstenberger, glaubt denn auch Pfarrer Erdmann, hätten in den letzten Tagen „nicht ein Gramm an
Sensibilität zugelegt". Er hätte deshalb nichts dagegen, wenn
die mehrere Millionen Mark teure Supermarkt-Ruine im jetzigen Zustand erhalten würde – als „Mahnmal dafür, daß die
Leute nicht umgehen können mit ihrer Vergangenheit".

Inzwischen hat Kaiser's ein Ersatzgelände für seinen Bau
zugewiesen bekommen, in der Rheinsberger Straße, direkt
neben dem städtischen Friedhof, auf dem noch heute Feu-
erbestattungen vorgenommen werden. Eine Standortwahl,
die in Fürstenberg kaum noch verwundert. „Als es im KZ
noch kein Krematorium gab", erzählt der Friedhofswärter,
„hat die SS die Leichen immer hier verbrannt."

Dresden, die „Hauptstadt der Bewegung"

Der größte Stammtisch der geeinten Nation tagt am 20. Juni 1991 mit Sicherheit in Dresden und zählt 160 Mitglieder. An diesem Donnerstagvormittag palavern die Abgeordneten im Sächsischen Landtag eine knappe Stunde lang über die „Bedrohung der politischen Kultur". Unter diesem Motto steht die aktuelle Debatte über rechtsradikale Erscheinungen in Sachsen und vor allem in der Landeshauptstadt Dresden. Mühelos gelingt es den Parlamentariern dabei, sich auf das intellektuelle Niveau einer Kneipenrunde nach der vierten Lage Bier hinabzuhangeln.

Da ist zum Beispiel Herbert Goliasch, Chef der CDU-Fraktion, die über die absolute Mehrheit der Sitze verfügt. Der Christdemokrat hält Neonazis für im Grunde tugendhafte, leider aber verführte Teenies, die es nur auf den rechtsstaatlichen Weg zurückzuführen gelte. „Die Werte, die diese Jugendlichen hochhalten, Kameradschaft, das Füreinandereinstehen", sagt Goliasch, „all dies könnte auch in Jugendprojekten oder im Sport zu positiven Entwicklungen führen."

Und da ist Goliaschs Parteifreund Volker Schimpff, der ebenso munter Faschisten und Kommunisten gleichsetzt wie er den rumänischen Diktator Ceaucescu als „Nationalsozialisten" bezeichnet. In gleicher Weise schmeißt Schimpff Rechtsradikale, Autonome, RAF-Terroristen, Stasi und SED in einen Topf und spricht im selben Atemzug vom historisch einzigartigen Völkermord an den Juden wie von den sowjetischen Internierungslagern nach dem Zweiten Weltkrieg. Den absoluten Tiefpunkt aber erreicht die Debatte mit dem Auftritt des FDP-Abgeordneten Rade. Der fühlt sich angesichts rechtsradikaler Gewalttaten an seine

eigene Jugend erinnert. „Wir haben auch Randale gemacht",
sagt Rade. „Wir haben regelrechte Bandenkriege geführt um
die besten Kirschenplätze. Und wer beim Rock 'n' Roll nicht
einen Stuhl zerschlagen hat, hat nicht gelebt." Ein paar Sätze
später rät der Liberale „den Jugendlichen": „Kaufen Sie sich
einen Rucksack und ziehen Sie hinaus in die Welt; Freiheit
soll genutzt und nicht mißbraucht werden."

Zum Zeitpunkt dieser Rede sind gerade mal fünf Tage
vergangen, seitdem Neonazis in Dresden eindrucksvoll de-
monstrierten, wie sie – kameradschaftlich und füreinander
einstehend – die Freiheit nutzen, die ihnen im Freistaat Sachsen gelassen wird. Am Samstag, dem 15. Juni, zogen 2300
Rechtsradikale mit Genehmigung des Oberbürgermeisters
Herbert Wagner (CDU) durch Dresden. Getarnt war die
größte neonazistische Heerschau in Deutschland seit 1945
als „Trauermarsch" für den 14 Tage zuvor ermordeten „Kameraden" Rainer Sonntag.

Dresden, 31. Mai 1991, 23.50 Uhr. Vor dem „Faun-Palast", einem Kino in der Leipziger Straße, haben sich etwa 60
Neonazis in Kampfkluft versammelt. Der bewaffnete Trupp
ist abmarschbereit. Sein Ziel liegt gleich um die Ecke: das
„Sex-Shopping-Center", ein Bordell in der Moritzburger
Straße. Die rechtsradikalen Streiter „gegen Arbeitslosigkeit,
Drogen, Prostitution und Kriminalität" wollen das Etablis-
sement stürmen – so wie sie in den Tagen zuvor schon die
beiden Puffs „Villa d'Amour" und „Club 91" überfallen und
deren Einrichtungen zertrümmert hatten.

Doch in dieser Nacht kommt alles anders. Denn die Herren aus dem Rotlicht-Milieu wollen sich das Geschäft mit
der käuflichen Liebe nicht kaputtmachen lassen. Sie schlagen
brutal zurück. Plötzlich stoppt ein schwarzer Mercedes mit
Mannheimer Nummernschild vor dem „Faun-Palast", der
Beifahrer springt heraus und brüllt: „Was ist hier los?" In
seiner rechten Hand hält er eine abgesägte Schrotflinte. Die
Neonazis weichen zurück, bis auf ihren 36jährigen Anführer

Rainer Sonntag. Zwischen ihm und dem Mann aus dem Mercedes gibt es einen kurzen Wortwechsel, dann fällt ein Schuß. Sonntag bricht zusammen, aus zwei Metern Entfernung von einer Ladung Schrot im Gesicht getroffen. Bevor der Schütze wieder ins Auto springt, feuert er noch einmal auf den reglosen Körper. Wenige Minuten später bedecken die Rechtsradikalen Sonntags Leichnam mit einer Reichskriegsflagge. Die Bewegung hat ihren Horst-Wessel-Nachfolger, ihren ersten „Blutzeugen".

Dabei taugt Rainer Sonntag – ebensowenig wie der kriminelle SA-Held Wessel – kaum zum Märtyrer. Denn der selbsternannte Saubermann hatte mit allem reichlich zu tun gehabt, was er zu bekämpfen vorgab – vor allem mit Kriminalität und Prostitution. Mit 18 Jahren, da hatte er gerade seine Lehre als Rohrleitungsbauer abgebrochen, ließ sich Sonntag als „Inoffizieller Kriminalpolizeilicher Mitarbeiter" von der Dresdner Kripo anwerben. Seine Karriere als Spitzel für den SED-Staat ging auch im Knast weiter, in dem er mehrfach einsaß. Zunächst wurde Sonntag wegen versuchter Republikflucht eingebuchtet, später wegen Diebstahls.

1986 gab die DDR seinem Ausreiseantrag statt. Sonntag landete im hessischen Langen, wo er sich der von Michael Kühnen gegründeten „Nationalen Sammlung" (NS) anschloß, die es sich zum Ziel gesetzt hatte, Langen zur „ersten ausländerfreien Stadt Deutschlands" zu machen. Kurz vor den hessischen Kommunalwahlen im Frühjahr 1989, bei denen rechtsextreme Parteien wie die NPD in manchen Orten zweistellige Ergebnisse erzielten, wurde die NS verboten und Sonntag damit um einen möglichen Einzug ins Langener Stadtparlament gebracht; er hatte auf Platz 3 der NS-Liste kandidiert. Während dieser Zeit arbeitete Sonntag im Frankfurter Bahnhofsviertel – als Rausschmeißer in einem Bordell.

Bereits kurz nach dem Fall der Mauer zog es den zwielichtigen Rechtsradikalen zurück nach Dresden, wo er

kurzzeitig mit Gebrauchtwagen handelte, die zum Teil ge-
stohlen gewesen sein sollen. Und er versuchte, sich an die
Spitze der örtlichen Bewegung zu setzen. Auf Sonntags
Konto gehen die Gründungen des „Verbandes der sächsischen Wehrwölfe", der „Schutzstaffel Ost" und der nach
einem SS-Oberst benannten „Wehrsportgruppe Joachim
Peiper". Im September 1990 schließlich rief er die Sammlungsbewegung „Nationaler Widerstand Deutschlands" ins
Leben, „die Partei für Recht und Ordnung", deren program-
matische Kernaussage lautete: „Die Sicherheit auf der Straße
ist wiederherzustellen."

Auf dieses Ziel arbeitete die Truppe um den kriminellen
Law-and-order-Fan Sonntag hin, mit aller Gewalt. Die ersten Opfer der rechtsradikalen Gang waren vermeintliche
Drogendealer, die verprügelt und zur Polizei geschleppt
wurden. Dann begann sie, Dresdens Innenstadt von ausländischen Hütchenspielern, die trickreich mit der Naivität
vieler deutscher Passanten Geld machten, zu „säubern". Die
wurden von Sonntags Leuten niedergeschlagen, mit Hand-
schellen an Laternenmasten gefesselt und der Polizei über-
geben – die sie dankend in Empfang nahm, die Neonazis aber
unbehelligt laufen ließ. „Die Bullen", prahlte ein Mitglied
der Selbstjustiz-Bande, „sagen schon mal: Macht ihr nur, wir
holen dann den Krankenwagen."

Neben all diesen Aktivitäten fand Rainer Sonntag auch
noch Zeit, Krawalle im Stadion des Fußballclubs Dynamo
Dresden anzuzetteln. Am 20. März 1991 randalierte der
rechtsradikale Block derart gewalttätig, daß die Europapo-
kalpartie zwischen Dynamo und Roter Stern Belgrad abgebrochen werden mußte. Auch als im November 1990 ein
Ersatz für die Neonazi-Zentrale in der Ostberliner Weitlingstraße gesucht wurde, war Sonntag dabei: Er beteiligte sich
an der Besetzung des Hauses Nummer 3 in der Rabenauer
Straße in Dresden.

Wahrscheinlich hätte Sonntag noch eine ganze Weile unbehelligt von der Polizei so weitermachen können, hätte er sich nicht auch noch mit seinen alten Kollegen aus dem Zuhälter-Milieu angelegt. Die verübelten dem Neonazi-Anführer vor allem den Hintergedanken seiner Anti-Bordell-Feldzüge, die nur zur Einschüchterung gedacht waren; Sonntag wollte schlicht und einfach Schutzgelder von den Puffbetreibern erpressen.

Seine Gefolgsleute hatte er von diesem Plan offenbar nicht in Kenntnis gesetzt. Die verwandelten am Tage nach Sonntags Tod das „Sex-Shopping-Center" in einen Trümmerhaufen; um weiteren Racheaktionen vorzubeugen, ließen die Behörden kurz darauf Eingang und Fenster des Etablissements zumauern und vergittern. Um „Blutrache für Rainer Sonntag" zu üben, droschen Neonazis in der Innenstadt auch mit Baseballschlägern auf Vietnamesen und Bürger aus Ostblockstaaten ein. Und vor dem „Faun-Palast" hielten vorwiegend jugendliche Rechtsradikale „Mahnwache" für den „großen Deutschen Rainer Sonntag", wie die Schleife auf einem der niedergelegten Gebinde verkündete. Vierzehn Tage lang flatterten Tag und Nacht Reichskriegsflaggen vor dem Kino – bis zum Beerdigungstermin.

Dresden, 15. Juni 1991. Vor dem Neuen Annenfriedhof, wo Rainer Sonntag zu Grabe getragen wird, zieht Polizei auf, eine Einheit aus Baden-Württemberg. Insgesamt sind an diesem Tag 16 Hundertschaften im Einsatz, auch vom Bundesgrenzschutz. Die Beamten stellen ihre Schutzschilder ab und sichern das Eingangstor von vorne. Dahinter postiert sich ein Trupp Skinheads. Die Arbeitsteilung ist perfekt. In der kleinen Pforte daneben bauen sich zwei muskelbepackte Glatzen auf. Journalisten lassen sie nicht durch. „Hier kommen nur *Extra* und *Spiegel-TV* rein, das haben wir gestern auch mit der Einsatzleitung so vereinbart." Dann fällt sogar das Wort „Sicherheitspartnerschaft". Jedesmal, wenn einer der Skinheads einen Reporter abfertigt, nickt der direkt danebenstehende Polizist aus dem Westen beifällig. „Ja-woll."

Erst nach massiven Beschwerden bei ranghohen Beamten und einigen tumultösen Szenen gelangen die Presseleute auf den Friedhof. Die Trauerrede hält Heinz Reisz, ein alter Sonntag-Kamerad aus Langener NS-Tagen und jetzt Vorsitzender der Nazi-Gruppierung „Deutsches Hessen". Rainer Sonntag, schwadroniert der 53jährige Brunnenbauer, sei „gefallen im harten Kampf gegen die Bonner Republik, dahingemeuchelt worden wie einst die Dresdner von den alliierten Bomberfliegern". Und: „Rainer, du bist nicht umsonst gefallen. Du bist ein Held. Die Götter mögen dich aufnehmen in Walhall." Später darauf angesprochen, ob ihn Sonntags frühere Spitzel-Tätigkeit nicht gestört habe, antwortet Reisz: „Das ist mir sogar recht. Ich würde um jeden buhlen, der uns hilft, den Bonner Staat wegzublasen."

In der kleinen Friedhofskapelle stattet er deshalb auch einen herzlichen „Dank an die Polizei" ab und fordert sie auf: „Folgt nicht blindlings dieser Republik. Schützt uns! Wir schützen euch!" Die Aufforderung hätte er sich sparen können...

Nachdem Rainer Sonntag unter die Erde gebracht ist – einige seiner Anhänger salutieren am Grab mit dem Hitler-Gruß –, sammeln sich die Rechtsradikalen am Hauptbahnhof, wo Züge „Kameraden aus dem ganzen Reich" (Reisz) ausspucken. Es kommt alles, was Rang und Namen hat in der braunen Szene: Kühnen-Nachfolger Gottfried Küssel, der sein Aktionsgebiet schon vor Monaten von Ost-Berlin nach Sachsen verlagert hat; Christian Worch aus Hamburg; Siegfried „Borussen-Siggi" Borchardt von der FAP, der sich schon auf den Leipziger Montags-Demos tummelte und mehrfach wegen Straftaten mit rechtsextremem Hintergrund vorbestraft ist; führende Mitglieder der Nationalistischen Front und natürlich die Köpfe der Deutschen und der Nationalen Alternative.

Vom Bahnhof ziehen die „Trauer"-Marschierer in Reih und Glied zur Leipziger Straße. 2300 Rechtsradikale sind es, ältere Frauen und Männer darunter, Mittzwanziger in SA-Uniformen, junge Frauen in Bund-Deutscher-Mädchen-Trachten. Vorneweg wird ein Transparent getragen: „Rainer Sonntag – Blutzeuge des Reiches". Dahinter schlagen drei FAP-Mitglieder aus dem Rheinland auf dickbauchigen Trommeln den Takt. Sonst ist alles still. Ein paar Passanten säumen den Wegrand, Anwohner lehnen aus den Fenstern der baufälligen Häuser, alle 30 Meter steht ein Polizist. Eine gespenstische Szenerie.

Nur einen kleinen Zwischenfall gibt es. Aus einem Hauseingang stürmt eine kleine weißhaarige Frau, vielleicht 65 Jahre alt, auf die Zug-Spitze zu und schreit: „Das war kein Blutzeuge. Geht zur Frauenkirche (die Ruine mahnt an die Opfer der Bombenangriffe im Zweiten Weltkrieg; A.B.), da gab es 35000!" Sie wird von Nazi-Ordnern weggeschleppt. Dann herrscht wieder Ruhe, bis auf die rhythmischen Trommelschläge.

Es ist die Ruhe vor dem Sturm. Der bricht los, als die Rechtsradikalen den „Faun-Palast" erreichen, wo ein Hakenkreuz auf die Straße geschmiert ist. „Borussen-Siggi" und sein Trupp drängen alle Nicht-Nazis von der Straße, Schaufensterscheiben gehen zu Bruch. Dann fliegen die rechten Arme in die Höhe, begleitet von Rufen: „Sieg Heil" und „Heil Hitler". Immer wieder, wenn ein neuer Teil des Zuges das Kino erreicht, das gleiche Gebrüll: „Rache, Rache", „Deutschland den Deutschen", „Ausländer raus" und „Wir kriegen euch alle".

Von der Polizei ist nichts zu sehen. Dabei hatte die Einsatzleitung vor dem Abmarsch den Neonazis noch per Megaphondurchsage angedroht, schon das Zeigen des abgewandelten Hitler-Grußes mit gespreiztem Daumen, Zeige- und Mittelfinger werde zur sofortigen Auflösung des Zuges führen. Nun geschieht nichts. Kein Wunder, daß Heinz

Reisz am Rande der Abschlußkundgebung auf den Elbwiesen, bei der ein Dresdner Neonazi tönt, nichts sei „wichtiger für Deutschland, als zu wissen, daß es uns gibt, unsere Wut und Brutalität", Reportern triumphierend sagen kann: „Das war ein Mordserfolg. Wir haben inzwischen gelernt, wie man diesen Staat lächerlich machen kann."

Wohl wahr. Eine Woche nach dem braunen Aufmarsch wies Sachsens Innenminister Rudolf Krause Kritik an dessen Genehmigung und am Verhalten der Polizei in einem *Stern*-Interview zurück: „Ich finde, wir haben da eine gute Entscheidung getroffen. Es gab an diesem Tag keine Vorkommnisse."

Daß sich die Krawalle noch im Rahmen hielten, dazu könnte die Polizei tatsächlich beigetragen haben – allerdings auf andere Art, als Krause meinte. Tage vor dem Marsch hatte ein 20jähriger Neonazi namens Sören gegenüber der Dresdner Tageszeitung *Union* angekündigt: „Ich hoffe, daß die Mörder nicht von der Polizei gefaßt werden, sondern von uns – damit wir sie langsam quälen können." Der Wunsch ging nicht in Erfüllung. Die sofort eingeleitete Fahndung nach den Sonntag-Jägern, in die auch Interpol eingeschaltet wurde, brachte ein schnelles Ergebnis: In einem Hotel in Thailand wurden die mutmaßlichen Mörder Ronny Matz und Nikolaus Simeonides festgenommen.

So fix wie im Mordfall Sonntag reagierte die Dresdner Polizei freilich selten, schon gar nicht, wenn es galt, schwerkriminelle Rechtsradikale dingfest zu machen.

Dresden, 31. März 1991. Ostersonntag. Es ist 4.10 Uhr morgens. Auf dem Pflaster neben den Straßenbahnschienen liegt Jorge Joao Gomondai, den eine Horde Neonazis gerade kopfüber aus einem Wagen der S-Bahn-Linie 7 geschmissen hat. Der 28jährige Mosambikaner ist bewußtlos, blutet aus Mund und Ohren. Die Straßenbahn stoppt noch.

Im *Stern* schilderten Dieter Krause und Werner Mathes das weitere Geschehen: „Der Fahrer eines Taxis, besetzt mit zwei weiblichen Fahrgästen, entdeckte den Schwerverletzten zuerst und hielt an. Während die jungen Frauen Erste Hilfe leisteten, meldete Rudolf Rodig an seine Zentrale: ‚Hier liegt jemand auf der Straße. Ruft schnell die Polizei!‘ Die hatte es nicht mal weit zum Tatort. Von einem in direkter Nähe parkenden Funkstreifenwagen näherten sich zwei Schupos, die sich offenbar erst mal einen Überblick verschaffen wollten: ‚Was ist denn hier los?‘ In dem Moment fuhr die Straßenbahn mit der Horde Skins wieder an. Passanten beschworen die Uniformierten: ‚Die sind da noch drin, fahren Sie der Bahn nach!‘ Die Grünröcke aber schüttelten den Kopf: ‚Wieso denn das?‘ Die Umstehenden mußten erst energisch werden, damit wenigstens der Notarztwagen gerufen wurde.“

Am 6. April erliegt Jorge Gomondai seinen Verletzungen. Erst danach läuft die Ermittlungsarbeit der Polizei an. Sie führt auch zum Erfolg, aber nur durch Zufall. Gegen 4.30 Uhr am Ostersonntag hatten Polizisten auf dem nicht weit vom Tatort entfernten „Platz der Einheit“ die Personalien einer Gruppe grölender Neonazis aufgenommen. Sieben dieser Skins, darunter drei aus dem süddeutschen Raum, werden später als Tatverdächtige festgenommen. Und die Staatsanwaltschaft kündigt „ernsthafte Konsequenzen bis hin zu einem eventuellen Verfahren wegen Strafvereitelung im Amt“ gegen die untätige Polizei an. Gehört hat man davon nichts mehr.

„Die Rechtsradikalen wissen, daß die Polizei schlecht mit ihnen umgehen kann“, sagt Klaus Steffenhagen, stellvertretender Bundesvorsitzender der Gewerkschaft der Polizei. Von wegen. Manche Polizisten in Dresden können offenbar sogar sehr gut mit den Neonazis, wie ein Bericht des Fernsehmagazins „Report“ bewies. Der Film zeigte unter anderem einen Schutzpolizisten, der kurz vor Dienstantritt noch die Leibwächter des erschossenen Rainer Sonntag in seinem Privatwagen durch die Stadt chauffierte. Und der Leiter des

Dresdner Staatsschutzes führt laute Klage darüber, „daß immer wieder interne Polizeiinformationen an die rechte Szene weitergegeben werden". Nach einem Bericht der *Wochenpost* existiert sogar ein Videoband, „auf dem zu sehen ist, wie bei einem Überfall rechter Skinheads auf Kneipen in der Neustadt Polizisten die Angreifer per Handschlag begrüßen".

In das Bild einer gegenüber Rechtsradikalen extrem wohlgesonnenen Polizei, die Neonazis – wie im Fall der Hütchenspieler – sogar als Hilfssheriffs akzeptiert, passen auch die Erlebnisse einer 26jährigen Dresdnerin, die Ende Oktober 1991 morgens in der Straßenbahn von vier Skinheads angegangen wurde. Die bedrohten die Frau, die sie wegen ihres umgebundenen Kopftuches offenbar für eine Türkin hielten, und wollten sie zwingen, ein Hitler-Bild zu küssen. Als die Frau die Neonazis anzeigen wollte, weigerten sich drei Polizisten, ein Protokoll aufzunehmen. Ähnlich war es kurz zuvor auch einem Mitarbeiter der Bündnis-90-Fraktion im Sächsischen Landtag ergangen. Der wollte eine Gruppe Skinheads, die in der Innenstadt „Ausländer raus" brüllte, bei direkt danebenstehenden Polizisten wegen Volksverhetzung anzeigen. Ergebnis siehe oben: Fehl-Anzeige.

Für ein Klima, in dem sich Rechtsradikale ungeniert tummeln können, sorgen auch die Behörden in der Hauptstadt des Freistaates Sachsen. So zeigte sich ein Dezernent des Ordnungsamtes drei Neonazis, die den „Trauermarsch" für Rainer Sonntag anmeldeten, gegenüber sehr aufgeschlossen. Vor Zeugen sagte er: „In dieser Stadt hat ja jeder seine Lobby, nur die Rechten nicht." Schließlich gab auch Bürgermeister Wagner sein Placet für die braune Heerschau – so wie er eine Woche vor Sonntags Tod eine von dessen Truppen initiierte Neonazi-Demonstration zugelassen hatte.

Dabei hatte der Christdemokrat noch auf dem Neujahrsempfang 1991 dem israelischen Botschaftsrat Aviv Shir hoch und heilig versprochen, nie wieder einen rechtsradikalen Aufmarsch zu erlauben. Der Diplomat hatte sich beispielsweise darüber beschwert, daß der britische Historiker David Irving im prunkvollen Dresdner Kulturpalast auftreten durfte und auch noch von einem offiziellen Vertreter der Stadt willkommen geheißen wurde. Irving verteidigt Hitler und vertritt die in der Bundesrepublik mit Strafe bedrohte These der „Auschwitz-Lüge", daß der Holocaust an den Juden eine böswillige Erfindung der Alliierten wäre. „Irving", jubelte Frank Hübner, einer der ostdeutschen Neonazi-Anführer, nach einem Auftritt des Geschichtsrevisionisten, „beweist, daß die Massenmorde niemals stattgefunden haben."

Der Hauptgrund für Aviv Shirs Klage aber waren die Ereignisse vom 20. Oktober 1990, als 500 Neonazis um Michael Kühnen ungehindert durch die Dresdner Innenstadt marschieren und ihre Träume von einem „Großdeutschen Reich" propagieren durften. Dieser Aufmarsch war nach Meinung der Dresdner Ausländerbeauftragten Marita Schieferdecker-Adolph das Signal für die Rechtsradikalen, ihren Schwerpunkt endgültig nach Dresden zu verlagern. „Berliner und Leipziger", sagt die Theologin, „fühlen sich in Dresden viel wohler als in ihren Heimatstädten, weil sie hier einen besseren Boden vorfinden."

Tatort Hauptbahnhof. Dort regiert der „Baby-Sturm", wie sich die Bande 13 bis 20 Jahre alter Neonazis selbst nennt. „Das hier ist unser Revier", sagt der Anführer der Truppe. „Und das halten wir sauber." Die Hütchenspieler haben die mit Messern, Gaspistolen und Baseballkeulen bewaffneten Babystürmer schon aus der Halle geprügelt, den polnischen Händlern nahmen sie die Waren ab, von anderen erpressen sie Schutzgelder, und nachts veranstaltet die Gang Treibjagden auf die etwa 5000 noch in der Halbmillionenstadt lebenden Ausländer. Marita Schieferdecker-Adolph rät denen schon seit langem, nachts nicht mehr allein auf die Straße zu gehen: „Das ist lebensgefährlich."

Oder der Baby-Sturm zieht mit anderen, meist von Rainer Sonntag gegründeten rechtsradikalen Keulen-Riegen in die Neustadt, um dort Angehörige der linken und alternativen Szene aufzumischen. Daß dabei Molotowcocktails fliegen, ist nichts Ungewöhnliches. So ging das Alternativ-Café „Bronxx" nach einem Brandanschlag in Flammen auf. Andere folgten. Zuletzt, im Herbst 1991, zertrümmerten Vermummte in Kampfanzügen die Kneipe „Conni 18", die erst kurz zuvor eröffnet worden war. Gelegentlich werden auch schon mal scharfe Schüsse auf ein besetztes Haus abgefeuert.

Die Drahtzieher solcher Aktionen sind in den beiden Vierteln Gorbitz und Johannstadt zu finden. In Gorbitz, einem typischen DDR-Hochhausghetto, grüßt ein Graffito an der Straßenbrücke den Besucher: „Kommst du mal nach Gorbitz rein, muß dein Gruß ‚Heil Hitler' sein." Im „Grünen Heinrich", einem Nazi-Treffpunkt, prangt eine Aufforderung zu Mord und Totschlag an der Wand: „Jorge, du bist nicht der letzte, wir kriegen euch alle." Angeführt wird die mehrere hundert Rechtsradikale zählende „Kameradschaft Gorbitz" vom 27jährigen Lutz Kronenberger, einem ehemaligen FDJ-Sekretär, der heute sagt: „Wir wollen einen modernen Nationalsozialismus ohne Ausländer."

An der Spitze der Johannstädter Rechtsradikalen agiert der 20jährige Mike Hönzke, dessen Adresse in der Pfeifferhansstraße schon vor der Wende in Michael Kühnens Notizbuch stand. Bereits im Januar 1990 ließ sich Hönzke bei einem Treffen mit dem Neonazi-Führer in Bonn instruieren. Später avancierte er zum „Sekretär" von Rainer Sonntag, an dessen Aktionen er immer beteiligt war und dessen Vermächtnis er nun erfüllen will. Auch Hönzke folgen mehrere hundert „Kameraden".

Der Terror, den die Rechtsradikalen mit „außerordentlicher Gewalttätigkeit" (so Bernd Wagner vom Gemeinsamen Landeskriminalamt) verbreiten, hat seit Sonntags Tod noch zugenommen. Mit welchen Methoden mittlerweile gearbeitet wird, erlebten *Wochenpost*-Reporter im Oktober 1991: „Als wir an einem Nachmittag in der Fußgängerzone zwei Hütchenspieler beobachten, sorgsam bewacht von einem halben Dutzend Kumpane, pirschen sich zwei vielleicht fünfzehnjährige Skinheads, ein Junge und ein Mädchen, heran. Kurz darauf verschwindet der Junge in einer Telefonzelle, schon eine knappe Viertelstunde später taucht ein Trupp von etwa zehn Bomberjacken auf und hetzt die Hütchenspieler wie Hasen durch die Innenstadt." Andere Neonazis müssen gar nicht erst auf öffentliche Fernsprecher zurückgreifen, um Schlägerkommandos herbeizurufen – sie sind inzwischen mit Sprechfunkgeräten ausgerüstet.

Angesichts dieser gut organisierten Szene, die von der Polizei weitgehend in Ruhe gelassen wird und täglich weiteren Zulauf erhält, steht für die Ausländerbeauftragte Schieferdecker-Adolph fest: „Dresden ist die Hauptstadt der Bewegung."

Auf dem rechten Auge blind

Die vielgepriesene wehrhafte Demokratie – im Osten des wiedervereinigten Deutschland ist das nur eine Chimäre. Der Rechtsstaat mag in den alten Bundesländern leidlich funktionieren, im Anschluß-Gebiet existiert er allenfalls auf dem geduldigen Papier des Einigungsvertrages. Der rechtsfreie Raum namens Fünf Neue Bundesländer bot und bietet einen wunderbaren Tummelplatz auch für rechtsradikale Gewalttäter.

Die Gerichtsbarkeit ist lahmgelegt. Der alte Justizapparat wurde, wofür es vernünftige Gründe gibt, radikal zerschlagen, die meisten Richter wurden wegen ihrer SED-Vergangenheit aus dem Amt gejagt. Wer bleiben durfte, mußte erst einmal nachsitzen und die neuen Paragraphen eines völlig anderen Rechtssystems einpauken. Unterstützung aus dem Westen gab es kaum: Es fanden sich nur vereinzelt Juristen, die in den wilden Osten wechseln wollten. Strafverfolgung fand deshalb bis Ende des Jahres 1991 so gut wie gar nicht statt.

Ein ähnliches Bild bei den Ermittlungsbehörden. Das Gemeinsame Landeskriminalamt (GLKA) der neuen Bundesländer, erst 1990 begründet und mühsam aufgebaut, wurde Ende des Jahres 1991 schon wieder aufgelöst – und mit ihm auch die engagierte Extremismus-Abteilung, die sich in der kurzen Zeit ein hohes Maß an Fachkompetenz erarbeitet hatte. Deren Leiter Bernd Wagner, dessen Warnungen vor dem aufkeimenden Rechtsextremismus ohnehin kaum jemand ernst genommen hatte, zog sich frustriert in die Erwachsenenbildung zurück.

Für das zerschlagene GLKA gründeten die einzelnen Länder eigene Landeskriminalämter, die nun praktisch wieder von vorne anfangen. Zudem befindet sich der Verfassungsschutz im Osten erst im Aufbau. Es gibt keine V-Männer, die rechtzeitig in die rechte Szene hätten eingeschleust werden können. Und es fehlen wichtige Stasi-Akten, die genauen Aufschluß über schon zu DDR-Zeiten bestehende Strukturen und handelnde Personen geben könnten.

Und die einfachen Polizisten? Die sind, wie man im besten Fall über sie sagen kann, heillos überfordert und verunsichert. Im schlechteren Fall machen sie mit den Rechtsradikalen sogar gemeinsame Sache.

Meist agieren die Strafverfolgungsbehörden im Osten nach der einfachen Devise: Wer gar nicht handelt, kann auch nichts falsch machen. Manchmal allerdings drängt sich auch der Verdacht auf, daß das Nichtstun Programm ist. Wie im Fall des Journalisten Klaus Farin. Der Autor des Buches „Der Krieg in den Städten" wurde am 4. August 1990 an der Autobahnraststätte Stolpe von drei Skinheads überfallen und zusammengeschlagen. Farin, der seit langem in der rechtsradikalen Szene recherchierte, konnte zwei der Schläger identifizieren – darunter den gerichtsnotorischen Neonazi Thomas Neumann. Obwohl die Adressen der beiden bekannt waren, unternahm die zuständige brandenburgische Polizei monatelang nichts. Wer so agiert – oder besser: nicht agiert –, muß sich nicht wundern, wenn sich Nachahmer ermuntert fühlen.

Welch immensen Zulauf rechtsradikale Gruppen und Organisationen mittlerweile erfahren, zeigen Schätzungen des Bundesamtes für Verfassungsschutz. Anfang Oktober 1991 gab Verfassungsschutz-Präsident Eckard Werthebach die Zahl militanter (!) Neonazis noch mit 3000 an; im Dezember sprach seine Behörde schon von 4500. In einer im Herbst 1991 angefertigten Studie über „Rechtsextremismus im vereinten Deutschland" warnten die Geheimdienstler vor einem „nicht überschaubaren Aggressionspotential". Weiter heißt es in dem Papier, die Zahl der Mitglieder neonazistischer Parteien in Ostdeutschland erreiche „mit großer Wahrscheinlichkeit ein Vielfaches" der vom Berliner Landeskriminalamt angegebenen 2000 Personen, und zwar „mit zunehmender Tendenz". Die eher zur Vorsicht neigende Dresdner CDU-Bundestagsabgeordnete Maria Michalck spricht laut *Extra* sogar von 1500 Rechtsradikalen und 15 000 aktiven Sympathisanten allein in Sachsen.

So groß wie die Unsicherheit über die zahlenmäßige Stärke der braunen Szene ist, so uneinig sind sich Geheimdienste und Strafverfolgungsbehörden auch über deren Gefährlichkeit. Während Verfassungsschützer Werthebach bereits zwei rechtsterroristische kriminelle Vereinigungen in Ostdeutschland ortet, neigen andere eher zum Verharmlosen. So urteilt Hans Neusel, Staatssekretär im Bonner Innenministerium, mit Hinweis auf Erkenntnisse des Bundeskriminalamts, in der Neonazi-Szene seien „weder terroristische noch dauerhafte Strukturen erkennbar". Und Generalbundesanwalt Alexander von Stahl, dessen Behörde schon mal militante Tierschützer als Terroristen verfolgt, führte noch Ende November vor dem Übersee-Club in Hamburg aus, der Rechtsterrorismus sei „keine aktuell erkennbare Gefährdung". Anschläge auf Ausländerwohnheime bezeichnete Stahl als spontane Aktionen, die nicht von Organisationen verübt würden, sondern von „aufgeputschten, fehlgeleiteten Jugendlichen mit rechtsradikalem Hintergrund".

Pustekuchen. Schon im Sommer 1990 hatte der Ostberliner Staatsschützer Bernd Wagner in einer Analyse, die sich auf kriminalsoziologische Untersuchungen stützte, nachgewiesen, wie „durchorganisiert und kommunikativ vernetzt" die Rechtsradikalen-Szene bei ihren Anschlägen arbeitet. Auszüge: „In der Mehrheit aller Fälle handelt es sich um geplante Vorgänge, deren Ziel vorherbestimmt wird – eine straffe Organisation steht dahinter; das Verhalten gegenüber der Polizei und der eventuell greifenden Justiz ist abgesprochen; Zeugen werden, wenn szenengebunden, konditioniert, andere ‚beeinflußt'; die Angriffstaktik ist zielpunktiert, flexibel, auf Plötzlichkeit ausgerichtet (das kann spontan nicht funktionieren)."

Im Herbst 1991 stellte Wagner sogar fest: „Neonazis planen ihre Aktionen stabsmäßig bei Führertreffen."So ließen sich die Ursprünge der Pogrome von Hoyerswerda und vieler anschließender Anschläge bis in den März des Jahres 1991 zurückverfolgen, als die Nationalistische Front ihre Bundesversammlung in Kassel abhielt. Die dabei erarbeiteten Thesen zur „Überfremdung Deutschlands" seien danach, so Wagner, „wie ein Lauffeuer" in der braunen Szene umgegangen und auch im Juli bei einer Zusammenkunft enger Vertrauter des Kühnen-Intimus Christian Worch erörtert worden. Bei diesem Treffen sei auch die Parole „Mehr Aktionen gegen Ausländer" ausgegeben worden. Worch wiederum war im August federführend bei der Gründung der „Sächsischen Nationalen Liste" in Dresden dabei, deren Vorsitzender Mike Hönzke wurde, der schon die Deutsche Alternative (DA) in Dresden aufgebaut hatte. Das Resultat war ab 17. September in Hoyerswerda zu begutachten. Besonders bemerkenswert: An den ersten Pogrom-Tagen mischte eine Gruppe Dresdner Neonazis aus dem DA-Kader maßgeblich mit, die sich aber zurückzog, nachdem der Mob aufgeheizt genug war.

Spontane Aktionen? Keine dauerhaften Strukturen?

Ende Oktober 1991 berichtete die *Berliner Zeitung*, die sich auf Erkenntnisse des Staatsschutzes berief, über die „Gesinnungsgemeinschaft der Neuen Front", die sich am ersten NSDAP-Programm von 1920 orientiere und konspirativ im Untergrund aktiv sei: „In jeder Stadt arbeitet eine nach außen abgeschottete Zelle mit einem Zellenführer. Geführt wird das Zellengeflecht von einem ‚Bereichsleiter Ost der GdF', der direkt unter sich einen ‚Informationsdispatcher' hat. Nur die Zellenführer haben Kontakt zu dem Bereichsleiter, der die Befehle gibt. Die einzelnen Zellenmit-

glieder erhalten ihre Anweisungen durch den Informationsdispatcher. Aktive Zellen existieren in Cottbus, Dresden,
Ost-Berlin und West-Berlin" – genau in den Städten, in denen der Staatsschutz Wehrsportgruppen ausgemacht hat. Als
Bereichsleiter fungiere der 43jährige Berliner Arnulf Priem,
neben Worch und Gottfried Küssel einer der politischen Er-
ben des Neonazi-Führers Michael Kühnen. Die Zelle in
Ost-Berlin werde von Ingo Hasselbach geleitet, der schon
die Nationale Alternative mitbegründete; die Gruppe in
Cottbus führe Frank Hübner, der auch im „legalen Arm"
der Bewegung eine Funktion innehat: Der 26jährige ist Chef
der DA in den neuen Bundesländern.

Aufgeputschte, fehlgeleitete Jugendliche?

Die militanten Neonazis verfügen bereits seit geraumer
Zeit über ein beträchtliches Arsenal scharfer Waffen. Schon
im Mai 1990 hatte DDR-Innenminister Peter-Michael Die-
stel über den Diebstahl großer Mengen Sprengstoff aus
Depots der Nationalen Volksarmee berichtet, mit denen man
„mindestens 40 Großsprengungen" vornehmen könne. Die
Einbrüche, zunächst ehemaligen Stasi-Offizieren in die
Schuhe geschoben, gingen ebenso auf das Konto von Rechtsradikalen wie eine Ausräumaktion in einem NVA-Lager bei
Berlin Anfang Oktober 1990, bei der Neonazis Panzerfäuste, Handgranaten und Munition abschleppten.

Und als die Polizei kurz darauf in Ost-Berlin einen aus-
gebrannten BMW untersuchte, stieß sie auf eine funktions-
tüchtige Maschinenpistole, 390 Schuß Munition und eine
9-Millimeter-Pistole. Als Inhaber des Wagens wurde ein
führender Rechtsradikaler ermittelt: der Österreicher Günter Reinthaler, der beim Aufbau der Neonazi-Zentrale in der
Ostberliner Weitlingstraße mit Rat und Tat mitgewirkt hatte.

In Dresden orientieren sich Neonazis, die der örtlichen
GdF-Zelle angehören, bereits an der linksterroristischen
RAF. Sie verscherbeln geklaute Autos weiter, um mit dem

Geld über Strohmänner Waffen zu kaufen – vor allem bei Soldaten der Roten Armee. Und ein harter Kern von 15 Mann, recherchierte die *Wochenpost*, sei durchaus geübt in der Herstellung von Brandsätzen und Sprengstoff.

Wenn das die Führer wüßten...

Man darf sicher sein: Sie wissen es. Nur Generalbundesanwalt Alexander von Stahl weiß es offenbar nicht, der eigentlich längst nach Paragraph 129a des Strafgesetzbuches ermitteln müßte. Danach gilt als Terrorist, wer in einer kriminellen Vereinigung mitwirkt, die gegründet wurde, um schwerste Straftaten zu begehen, einschließlich Mord.

Keine aktuelle Gefährdung? Oder mal wieder nur auf dem rechten Auge blind?

Die Brandstifter

„Endlich handelt Bonn: Helmpflicht für Ausländer"
Titelzeile des Satiremagazins Titanic

Wer in diesen Herbsttagen 1991 die Augenzudrük-
ker in Politik und Justiz erlebt, wer die beschö-
nigenden und verharmlosenden Erklärungsversu-
che des Phänomens Rechtsradikalismus registriert, wer
schließlich beobachtet, wie angesichts explodierender Ausländerfeindlichkeit in allen Teilen der Bevölkerung noch Öl
in die Flammen gegossen und nicht statt dessen versucht
wird, das Feuer mit allen Mitteln zu löschen – der fühlt sich
fatal an ein bitteres Gedicht Kurt Tucholskys aus dem Jahre
1931 erinnert. Es trägt den sarkastischen Titel „Rosen auf
den Weg gestreut" und lautet:

Ihr müßt sie lieb und nett behandeln,
erschreckt sie nicht – sie sind so zart!
Ihr müßt mit Palmen sie umwandeln,
getreulich ihrer Eigenart!
Pfeift euerm Hunde, wenn er kläfft –:
Küßt die Faschisten, wo ihr sie trefft!

Wenn sie in ihren Sälen hetzen,
sagt: „Ja und Amen – aber gern!
Hier habt ihr mich – schlagt mich in Fetzen!"
Und prügeln sie, so lobt den Herrn.
Denn Prügeln ist doch ihr Geschäft!
Küßt die Faschisten, wo ihr sie trefft.

Und schießen sie –: du lieber Himmel,
schätzt ihr das Leben so hoch ein?
Das ist ein Pazifisten-Fimmel!
Wer möchte nicht gern Opfer sein?
Nennt sie: die süßen Schnuckerchen,
gebt ihnen Bonbons und Zuckerchen…
Und verspürt ihr auch
in euerm Bauch
den Hitler-Dolch, tief, bis zum Heft –:
Küßt die Faschisten, küßt die Faschisten,
küßt die Faschisten, wo ihr sie trefft –!

Natürlich ist die Situation im Deutschland des Jahres 1991 noch nicht vergleichbar mit der Lage Anfang der dreißiger Jahre, als Nazi-Horden dank einer auf dem rechten Auge vollständig erblindeten Klassenjustiz nahezu ungestraft Hatz auf Kommunisten, Sozialdemokraten und Juden machen durften, als politisch motivierte Morde an der Tagesordnung waren und sich die wenigen überzeugten Verfechter der Weimarer Republik lieber gegenseitig bekämpften statt gemeinsam gegen den heraufdräuenden Hitler-Faschismus anzugehen. Aber einige bemerkenswerte und höchst bedenkliche Parallelen gibt es eben doch. Und schon warnt ein nordrhein-westfälischer Verfassungsschützer: „Wenn wir das jetzt nicht in den Griff bekommen, redet in zwei, drei Jahren kein Mensch mehr über Skinheads – aber vielleicht über die Ansätze einer neuen SA."

Schuld an der verhängnisvollen Entwicklung tragen gerade auch jene, die nun nicht müde werden, eine Betroffenheits-Arie nach der anderen über den wachsenden Ausländerhaß abzusingen: bundesdeutsche Politiker, besonders aus der Unions-Ecke. Die nämlich waren noch nie zimperlich, wenn es darum ging, mit Hilfe kalkuliert inszenierter Kampagnen Stimmung gegen Asylbewerber zu machen und damit Stimmen bei wichtigen Wahlen zu sammeln.

Die CSU hatte diese Methode bereits 1986 mit Erfolg praktiziert. Landtagswahlen in Bayern standen an, bei denen der damalige Ministerpräsident Franz Josef Strauß um seine absolute Mehrheit bangen mußte. Nach zahlreichen bundespolitischen Affären befand die Union sich im Tief, und am rechten Rand des Parteienspektrums hatte sich mit den Republikanern um den CSU-Abtrünnigen Franz Schönhuber eine nicht zu unterschätzende Konkurrenz gebildet.

Um von anderen Problemen abzulenken, schwadronierten die Christsozialen plötzlich von einer „Asylantenschwemme" und drohten, Flüchtlinge bis in die kleinsten Gemeinden zu verteilen. „Es kam, wie es kommen mußte", beschrieb Herbert Riehl-Heyse in der *Süddeutschen Zeitung* das Resultat: „Strauß gewann haushoch die Landtagswahl, woraufhin das Gespenst der Überfremdung sofort wieder in die Requisitenkammer gestellt wurde. Aus der hat man es danach nur gelegentlich wieder herausgeholt – und erst im Sommer 1991 wieder frisch kostümiert, als die Lage es wieder erforderte."

Diesmal befand sich die Bundes-CDU in einer schweren Krise. Seit den Wiedervereinigungswahlen im Dezember 1990 hatte die Partei in der Bevölkerung immer mehr Sympathien eingebüßt, sogar die alte Bastion Rheinland-Pfalz bei den Landtagswahlen an die SPD verloren. Das großspurige Versprechen von Bundeskanzler Helmut Kohl, im Osten werde es nach der Vereinigung keinem schlechter, dafür allen besser gehen, erwies sich angesichts steigender Arbeitslosenzahlen und zunehmender Betriebsschließungen als blanker Hohn. Die Wähler im Westen waren erbost über die steigenden Kosten für die deutsche Einheit und die damit verbundenen Steuererhöhungen. Und es drohten erneut Niederlagen bei zwei Wahlen: bei den Landtagswahlen in Bremen und den Kommunalwahlen in Niedersachsen.

In dieser Situation entfesselte CDU-Generalsekretär Volker Rühe gezielt eine Anti-Asylbewerber-Kampagne. In

einem 16seitigen Papier – datiert vom 12. September – sta-
chelte er seine „Damen und Herren Kreisvorsitzende" in der
gesamten Republik sowie die CDU-Fraktionschefs aller
Parlamente vom Gemeinderat bis zum Landtag an, die Sozialdemokraten, die sich gegen eine Änderung des Grund-
gesetz-Artikels 16 („Politisch Verfolgte genießen Asylrecht") sperrten, zu attackieren: „Ich bitte Sie, ... die
Asylpolitik zum Thema zu machen und die SPD heraus-
zufordern." Wahlkampf auf dem Rücken von Flüchtlingen.

Beigelegt war dem Brandbrief aus dem Adenauer-Haus
unter anderem ein „Muster" für öffentlich zu beantwortende
Anfragen an die jeweilige Stadtverwaltung. Auszüge: „Sind
Asylbewerber in Hotels oder Pensionen untergebracht worden? Wenn Ja: Wie viele Asylbewerber? In welchen Hotels
oder Pensionen? Für welchen Zeitraum? Zu welchen Kosten? Wie hoch sind die monatlichen Kosten für Unterbrin-
gung und Versorgung der Asylbewerber? Sind in der
Gemeinde Fälle bekannt geworden, in denen es seitens der
einheimischen Bevölkerung zu Klagen oder Beschwerden
über Asylbewerber gekommen ist? Wogegen richteten sich
die Klagen oder Beschwerden?"

Die Botschaft, die damit unterschwellig verbreitet werden
sollte, ist eindeutig: Die Asylanten logieren in feinen Unter-
künften, fressen uns die Haare vom Kopf und werden dann
auch noch frech. So schürt man Sozialneid, heizt Unruhe
und Aggressionen an. Politik auf Stammtisch-Niveau, Abteilung Wort und Totschlag. Solche Methoden, urteilte die
kurz zuvor wegen mangelnder Unterstützung der Regierung
aus dem Amt geschiedene Ausländerbeauftragte Liselotte
Funcke, „geben Gewalttätern sogar eine gewisse Rechtferti-
gung, weil ihnen der Eindruck vermittelt wird, auch die
Politiker seien gegen Ausländer".

So falsch ist das nicht, wie das Beispiel Hünxe zeigt. In der
niederrheinischen Stadt hatte die CDU einen von Volker

Rühe vorgefertigten Anti-Asyl-Antrag („Eine weitere nennenswerte Zuweisung von Asylbewerbern ist für die Stadt nicht mehr verkraftbar") wortgetreu in den Gemeinderat eingebracht, der ihn – auch mit den Stimmen von SPD und FDP – im Kern unverändert verabschiedete. Drei Tage darauf schmissen Skinheads Brandbomben in ein Ausländerheim und verletzten zwei libanesische Mädchen schwer, eines schwebte tagelang in Lebensgefahr.

Danach titelte *Bild*, die kurz zuvor noch Hetzartikel gegen „Scheinasylanten" veröffentlicht hatte, zentimeterhoch: „Schande". Danach äußerte auch Helmut Kohl endlich Abscheu und Empörung. Die Attentate auf Flüchtlinge, befand der Kanzler, seien eine „Schande für unser Land"; wer Haß gegen Ausländer entfache, sei kein guter Patriot. Worte, ebenso hehr wie leer und folgenlos.

Das gleiche im Bundestag. Dort erklärte Parlamentspräsidentin Rita Süssmuth (CDU), entsetzt über die „brutalen Gewalttätigkeiten", im Namen aller Fraktionen: „Wir Parlamentarier lassen nicht zu, daß eine kleine Minderheit denjenigen, die als Flüchtlinge zu uns kommen und auf unseren Rechtsstaat vertrauen, mit Haß und Fremdenfeindlichkeit begegnet."

Einige Angehörige dieser „kleinen Minderheit" saßen derweil im Plenarsaal des Bonner Wasserwerks und heuchelten Entsetzen über Untaten, die sie selbst mit heraufbeschworen haben. Auch Volker Rühe, Kohls Mann fürs Grobe, der sich die Frage gefallen lassen muß, ob er kein Brandstifter ist, kein geistiger Wegbereiter des neuen Terrorismus von rechts.

Das gilt auch für Josef Stock, den Vorsitzenden der niedersächsischen CDU. Der legte nach den Kommunalwahlen, die für die Christdemokraten weit weniger Verluste als befürchtet gebracht hatten, in fast schon dankenswerter Offenheit dar, wozu Flüchtlinge taugen: als Feindbild, mit dem man erfolgreich auf Stimmenfang gehen kann. „Das Thema

Asyl", verkündete Stock unverhohlen, „hat uns gutgetan."

Die Mittel, mit denen die CDU ihren Wahlkampf bestritten hatte, waren so bewährt wie primitiv und perfide: Für viele Mißstände – von der Wohnungsnot bis hin zur Schulmisere – wurden die Asylanten verantwortlich gemacht – und die SPD, die sich gegen eine Beschneidung des Grundrechts auf Asyl wehrte. Rassistische Töne erklangen zuhauf. In Braunschweig beispielsweise sprach ein CDU-Mann von Flüchtlingen als „Sinti und Roma, die gern auf Wanderschaft sind" und dem „Mann aus Westafrika, der mit Rauschgifthandel bei uns Geld verdienen will". Und sein Parteifreund Hartwig Mammen, Ratsherr in Roggenstede, gab die Parole aus: „Wir haben nichts gegen Ausländer. Nur ist in unserem Dorf für sie kein Platz."

Zu diesem Zeitpunkt hatten die Pogrome von Hoyerswerda längst auf die gesamte Republik übergegriffen. Josef Stock und die Seinen – keine Brandstifter?

Oder was soll man vom bayerischen Innenminister Edmund Stoiber halten, der vor Jahren schon in bester *Stürmer*-Manier vor einer drohenden „Durchmischung und Durchrassung" des deutschen Volkes gewarnt hatte und sich nun – man kennt ja diese geilen Neger! – um die Sicherheit der deutschen Frau sorgt: „Was soll ich den Leuten sagen, wenn in der Nähe eines Asylantenheimes ein junges Mädchen vergewaltigt wird?"

Oder von Otto Zeidler, dem bayerischen Staatssekretär für Landesentwicklung und Umweltfragen, der – man kennt ja diese schmutzigen Zigeuner! – mahnend auf die „ökologischen Folgen" hinwies, die „im Falle einer weiter ungebremsten Zuwanderung auf die Bundesrepublik zukommen".

Im (Partei-)Volk finden die Das-Boot-ist-voll-Töner reichlich Nachahmer. Da vergleicht der Jurist Manfred Ritter (CSU) Flüchtlinge mit „einem Heuschreckenschwarm, der überall, wo er durchzieht, eine Wüste hinterläßt". Da poltert Nikolaus Jung, CDU-Bürgermeister im saarländischen Lebach: „Die Stadt wird nicht zulassen, daß hier die Zigeuner tanzen." Da befindet der CDU-Kommunalpolitiker Wilhelm Schmans aus Jesteburg in der Sprache des Unmenschen über Asylsuchende: „Das Zeugs muß hier weg."

Die Reihe der Totschlag-Argumente, die, so der FDP-Politiker Burkhard Hirsch, „zur Pogromstimmung beitragen", ließe sich beliebig fortsetzen. Ordnungsrufe aus den Parteizentralen? Unbekannt. Verfahren wegen Volksverhetzung? Fehlanzeige. Auch Josef Schön, Kriminaloberrat beim Bundeskriminalamt und Vorsitzender des Arbeitskreises „Innere Sicherheit" der hessischen CDU, durfte ungestraft gegen den Mißbrauch des Asylrechts („Das geht zu Lasten des deutschen Volkes") wettern und dazu raten, den „Aufstand zu proben".

Den gibt es nun. In deutschen Städten und Dörfern tobt, angeheizt durch verantwortungslose Politiker, der Mob. Und längst richtet sich der Fremdenhaß nicht mehr allein gegen Asylbewerber, sondern gegen alle Ausländer, die in der Bundesrepublik leben, gegen alle Menschen, die „undeutsch" sind.

Politiker haben Wind gesät, nun ernten sie Sturm. In Gotha werfen Neonazis einen 44jährigen Fähnrich der Roten Armee aus einem Fenster des dritten Stocks seines Wohnhauses. In Saarbrücken attackiert ein Skinhead unter den Augen zahlreicher Schaulustiger zwei Schwarze mit dem Messer; als diese in einen Linienbus flüchten wollen, öffnet der Fahrer ihnen nicht die Tür. Im hessischen Hochheim schlagen Rechtsradikale zwei Italiener krankenhausreif. In Hürth bei Köln wird ein Asylbewerberheim mit scharfer Munition beschossen, und am 10. Oktober registriert das Bundeskriminalamt den 177. Brandanschlag auf eine Ausländer- oder Flüchtlingsunterkunft im Jahr 1990.

Kurz darauf spricht sogar Verfassungsschutz-Präsident Eckart Werthebach, dessen Amt das Problem Rechtsradikalismus jahrelang verharmlost hat, von einem „Flächenbrand" und einem „breiten Anschluß" gewalttätiger Jugendlicher an die Neonazi-Bewegung. Und Heinz Galinski, Auschwitz-Überlebender und heute Vorsitzender der Jüdischen Gemeinde Deutschlands, fühlt sich bereits an die „schlimmste Zeit der Vergangenheit" erinnert: „Hat man in diesem Land denn nichts aus dem Entstehen der NS-Diktatur gelernt? Solche Auswüchse, wie es sie jetzt gibt, muß man im frühesten Stadium bekämpfen."

Der frühere CDU-Generalsekretär Heiner Geißler klagt deshalb ein, was zu lange versäumt wurde – hartes juristisches Durchgreifen gegen rechtsradikale Gewalttäter: „Wir müssen ein Exempel statuieren, das abschreckende Wirkung hat." Und er plädiert dafür, auch die „geistigen Rädelsführer" der Ausländerpogrome strafrechtlich zu verfolgen. Das müßte dann allerdings, siehe oben, auch einige seiner Parteifreunde treffen.

Geißler ist im übrigen einer der wenigen Unionspolitiker, die bereit sind, der Bevölkerung in Sachen Ausländerpolitik reinen Wein einzuschenken. Sein Credo lautet: Natürlich ist die Bundesrepublik ein Einwanderungsland, damit müssen wir leben. Für all' jene seiner Parteifreunde aber, die dies noch immer leugnen, gilt das Brecht-Wort: „Wer die Wahrheit nicht kennt, ist nur ein Dummkopf. Wer die Wahrheit aber kennt und sie eine Lüge nennt, ist ein Verbrecher."

Im *Spiegel* vom 7. Oktober 1991, die Ausländerhatz steuerte gerade auf einen neuen Höhepunkt zu, veröffentlichte Geißler ein „Plädoyer für eine multikulturelle Gesellschaft", das es gerade in diesem Zusammenhang verdient, ausführlich zitiert zu werden:

„Wenn auf die komplexe Situation der Überbevölkerung in der Welt bei gleichzeitiger Schrumpfung und Vergreisung der deutschen und europäischen Bevölkerung die Antwort lautet: ‚Das Boot ist voll‘, dann hat dies ähnliche Qualität wie früher ‚lieber rot als tot‘ als Antwort auf den Ost-West-Konflikt. Solche Sprüche sind als Antworten auf komplexe Situationen einfach zu simpel, um richtig sein zu können.

Was ist, wenn trotz Ergänzung des Artikels 16 GG – die auch ich als Gesetzesvorbehalt notwendig finde – und trotz des nötigen Ausführungsgesetzes die Zahl der Asylbewerber kaum zurückgeht, weil das eigentliche Problem die millionenfache Flüchtlingsbewegung ist?

Was werden die Menschen eines Tages von Politikern und Journalisten halten, die heute den Eindruck erwecken, als könnten die Deutschen eines Tages wieder unter sich sein, und die in wenigen Jahren den Menschen erklären müssen, daß die wiedervereinigten Deutschen in einem geeinten Europa nicht mit weniger, sondern mit mehr Ausländern zusammenleben werden als heute?

Der Rechtsradikalismus hat viele Ursachen: Arbeitslosigkeit, Wohnungsnot, Underdog-Komplexe, die an noch Schwächeren abreagiert werden. Der Streit um das Asylrecht nützt natürlich den Radikalen und schadet den demokratischen Parteien.

Rechtsradikalismus ist vor allem ein Ergebnis von Desinformation. Zur geistigen Führung gehört, daß man die Deutschen nicht über ihre Zukunft und die künftige Gesellschaft im unklaren läßt. Man muß die Dinge nennen, wie sie sind:

Erstens: Der Kern der Problematik besteht darin, daß die Zahl der Heimatlosen auf der Welt mehr als eine halbe Milliarde Menschen beträgt. Die ersten Vorboten dieser Völkerwanderung klopfen an die Türen unserer Sozialämter. Sie werden diese Türen eines Tages einschlagen, wenn wir vor diesen neuen internationalen sozialen Fragen versagen. ...

Zweitens: Die Deutschen werden nicht – wie jetzt – mit fünf Millionen, sondern in Zukunft mit sieben, acht, vielleicht sogar zehn Millionen Ausländern zusammenleben.

Dies ist kein Grund zur Angst, sondern für ein Volk der Mitte und für unsere ökonomische Entwicklung eine Selbstverständlichkeit und eine Chance. Es gibt zwar Angst vor Ausländern, aber sie ist nicht begründet.

Die deutsche wie die europäische Wirtschaft brauchen Ausländer als Arbeitnehmer, als Konsumenten, als Steuerzahler. Die Renten sind nach 2015 nicht mehr bezahlbar, wenn wir auf deutsche Beitragszahler angewiesen wären. …

Nicht der Zuzug von Ausländern, sondern die mangelnde Verjüngungs- und Anpassungsfähigkeit und das Anti-Immigrationsdenken der deutschen Gesellschaft sind die eigentliche Gefahr für die Zukunft.

Es kommt nicht mehr auf die Frage an, ob wir mit Ausländern zusammenleben *wollen*, sondern darauf, *wie* wir mit ihnen zusammenleben. Wir können diese Frage nicht beantworten im Sinne des Nationalismus oder sogar des Rassismus, sondern nur im Geiste der Humanität und Toleranz. …

Eine zukunftsorientierte Ausländerpolitik erfordert eine moderne Einbürgerungspolitik, die das Staatsbürgerrecht nicht mehr völkisch, sondern republikanisch definiert.

Wenn wir es gut meinen mit unserer Zukunft, muß sich unser Volk auf eine multikulturelle Gesellschaft vorbereiten. Darin bewahren wir selbstverständlich unsere deutsche Identität, leben aber in Toleranz und gegenseitiger Achtung mit deutschen Staatsbürgern zusammen, die sich zu unserer Verfassung bekennen, die aber durchaus eine andere Herkunft, eine andere Hautfarbe oder eine andere Muttersprache haben."

So weit, so – zumindest im Kern – richtig, wichtig und gut, auch wenn man Geißlers Ansichten über die Gründe für das Entstehen von Rechtsradikalismus nicht in allen Punkten teilen muß. Klarstellende Sätze, die man sich in dieser Situation auch von der „geistigen Führung" des Landes, dem

Bundeskanzler, gewünscht hätte. Leider blieb ihr Effekt auf die politischen Freunde so gut wie aus. Denn die schürten eifrig weiter Emotionen im Volk.

Mitte Oktober verständigten sich Regierung und Opposition darauf, den Grundgesetz-Artikel 16 nicht zu ändern, dafür aber die Asylverfahren drastisch zu beschleunigen und abgelehnte Asylbewerber schneller abzuschieben als bisher. Ein Ende des erbärmlichen Streits schien in Sicht. Aber sofort trieb vor allem die CSU wieder quer.

Bayern, verkündete Edmund Stoiber, werde keine weiteren Sammelunterkünfte einrichten: „Nun möchte ich erst einmal sehen, was die SPD-regierten Länder zustande bringen." Und Bundesfinanzminister Theo Waigel sprach sich dagegen aus, frei werdende Bundeswehrkasernen für Asylbewerber zur Verfügung zu stellen – die seien für den sozialen Wohnungsbau vorgesehen.

Da wird wieder Futterneid geweckt, da werden wieder parteipolitische Süppchen gekocht – alles wie gehabt, als hätte es Hoyerswerda und die Folgen nicht gegeben.

Justitia geht poofen –
drei Prozesse

*„Nichts schadet Deutschland in den Augen der
zivilisierten Nationen dieser Welt mehr als die fortgesetzte
Bestätigung, daß Rassenvorurteil und Rassenhaß noch
immer aktiv weiterleben und daß diese Verbrechen noch
immer ungestraft bleiben."*
James R. Newman, US-Beauftragter für Hessen, 1949

*„Im wiedervereinigten Deutschland darf sich aus dumpfen
Gefühlen gespeiste Ausländerfeindlichkeit nicht
breitmachen. Ich möchte auch den Straftätern deutlich
und klar sagen, daß wir uns für den präventiven und
repressiven Bereich nun wirklich vorgenommen haben,
gegen die Straftäter mit der vollen Schärfe und Härte
des Gesetzes vorzugehen."*
Bundesjustizminister Klaus Kinkel, Oktober 1991

Zittau in der Oberlausitz, die polnische Grenze ist nah,
die tschechische ebenfalls. wir schreiben den 9. Mai
1991. Christi Himmelfahrt, in der DDR „Männertag" genannt, Termin für Trinkerfestspiele.

In einem Wohnblock in der Kantstraße, der früher einmal
der Nationalen Volksarmee (NVA) gehörte, geht es an diesem Abend nicht feucht zu, aber durchaus fröhlich. Eine
40köpfige Gruppe feiert bei einer Disco-Veranstaltung Ab-
schied: 33 acht- bis vierzehnjährige strahlengeschädigte Jungen und Mädchen aus dem ukrainischen Reaktorunfallort
Tschernobyl, die einen vierwöchigen Erholungsurlaub in
Zittau verbracht haben und übermorgen abreisen werden,
und ihre Betreuer. Auch zwei Westdeutsche sind dabei, der
Ulmer Stadtrat Wolfgang Neumeier und dessen Freundin
Ilse Blume. Die beiden möchten Kinder aus Tschernobyl in
ihre Heimatstadt einladen.

Ein paar Straßenzüge weiter kommt es derweil zu einem eher zufälligen Aufeinandertreffen zweier Gruppen, das Folgen haben wird. Im „Volkshaus", einer Kneipe in der Innenstadt, beendet ein Trupp Republikaner um den Zittauer Kreisvorsitzenden René Druschke, 23, gerade seinen „Betriebsausflug", als ein paar Männer, zum Teil in mit neonazistischen Aufnähern versehenen Kampfjacken gekleidet, um den 34jährigen Andreas Hanspach hereinstürmen. Auch sie haben bereits einen ausgiebigen Zug durch die Gemeinde hinter sich. Sie sind sich schnell einig, wie der „Männertag" krönend abgeschlossen werden kann – mit „Ausländer klatschen". Gegen 22 Uhr ziehen sie los.

Wie viele Beteiligte es genau sind, ob zehn, zwölf oder mehr, läßt sich später nicht mehr ermitteln. Wohl aber der Weg, den sie nehmen. Zunächst jagt der Terror-Trupp zwei Türken durch die Straßen, zieht dann „Sieg Heil" grölend vors Rathaus und weiter zu einem Ausländerwohnheim. Dort wollen die rechtsradikalen Randalierer, wie Andreas Hanspach später vor Gericht aussagt, „auf Jugoslawen oder Rumänen, auf dieses Viehzeug ruffgehen". Warum sie dieses Vorhaben aufgeben, bleibt im dunkeln. Jedenfalls machen sie sich auf in die Kantstraße, unterwegs klauben sie Steine auf, einige haben Schlagstöcke in den Händen.

Vor dem alten NVA-Heim stoppen sie, zünden das Transparent mit der Aufschrift „Kinder aus Tschernobyl" an, schmeißen Fensterscheiben ein und skandieren „Ein Baum, ein Strick, ein Russengenick" und „Ab nach Auschwitz". Andreas Hanspach klopft dazu mit einem Stock den Takt.

Drinnen im Gebäude bricht Panik aus. Die verstörten Kinder schreien: „Die Faschisten kommen." Beherzt eilen Ilse Blume und Wolfgang Neumeier nach draußen, stellen sich den Rechtsradikalen entgegen, versuchen beruhigend auf sie einzuwirken. Vergeblich. Ilse Blume wird als „Russenhure" beschimpft. Zwei der Männer, der 21jährige Jörg Schnerr und der ein Jahr ältere Steffen Schiffner, stürmen an ihnen vorbei ins Haus, die Treppe hoch. Sie schlagen eine Glastür ein, hinter der Anatolij Gorlatow steht, ein Dozent aus Minsk, der die Kindergruppe leitet. Splitter fliegen. Gorlatow erleidet eine fünf Zentimeter lange Stirnwunde, die ihn lebenslang entstellen wird. Draußen geht die Randale weiter. Eine russische Betreuerin fühlt sich danach an die Judenpogrome der dreißiger Jahre erinnert: „Ich kam mir vor wie in der Kristallnacht."

Erst als zur Hilfe gerufene Soldaten aus einer nahe gelegenen Bundeswehrkaserne und einige Nachbarn dazukommen, endet der Spuk. Nach einer knappen halben Stunde, die Rechtsradikalen stehen noch immer vor dem Gebäude, treffen auch drei Funkwagen der Polizei ein. Festnahmen? Keine. Man habe „keine Notwendigkeit mehr" gesehen, „mit Zwangsmitteln einzuschreiten", verlautbart die Einsatzleitung später. „Das hätte doch nur eine Massenschlägerei gegeben", entschuldigt sich ein Polizist.

Nicht einmal die Personalien der Randalierer werden aufgenommen, was dazu führt, daß einige Beteiligte nicht gerichtlich belangt werden können. Dafür begrüßt einer der sogenannten Ordnungshüter Andreas Hanspach mit den Worten: „Was machst denn du schon wieder hier?" Dann geleiten die Polizisten den Trupp, der weiter „Sieg Heil" und „Ausländer raus" brüllt, zurück in die Stadt. Die Staatsanwaltschaft wird von der untätig bleibenden Kriminalpolizei erst nach vier Tagen von dem Überfall informiert; die sowjetischen Betreuer – wichtige Zeugen – sind zu diesem Zeitpunkt schon abgereist. Die Ermittlungen werden dadurch weiter erschwert.

Zittau am 10. Mai. Die Erholung der Kinder ist dahin. Sie seien völlig verstört gewesen und hätten den ganzen Tag nur „still dagestanden", berichtet Ilse Blume. Eine der Betreuerinnen wird noch immer von Weinkrämpfen geschüttelt. Polizeischutz für das gefährdete Heim gibt es nicht. Ist auch nicht nötig: Heute randalieren Druschke und seine Gesin-

nungsgenossen, ebenfalls unbehelligt von den Sicherheits-
kräften, vor einem Haus, in dem Flüchtlinge untergebracht
sind.

Zittau, ein halbes Jahr später. Im Saal 138 des Kreisgerich-
tes beginnt am 6. November, gut einen Monat nach den Pogromen von Hoyerswerda, der Prozeß gegen acht der Täter.
Neben Druschke, Hanspach, Schiffner und Schnerr müssen
sich vier weitere Angeklagte wegen schweren Landfriedensbruchs, Volksverhetzung und Verwendung faschistischer
Symbole verantworten: Maik Döring, 26, Heiko Hönel, 20,
René Zieschang, 20, und Marko Thielemann, 18. Wie
Druschke gehörten auch Hönel und Zieschang zum Tatzeit-
punkt den Republikanern an. Kurz nach ihrem Himmel-
fahrt-Kommando seien sie jedoch, so geben alle drei an,
„wegen der Sache" aus der Partei ausgetreten; angeblich
wollten sie damit ihrem Ausschluß zuvorkommen.

Es ist – bezeichnend genug für das Versagen der Justiz –
das erste Verfahren, das seit der Vereinigung in einem der
neuen Bundesländer gegen rechtsradikale Gewalttäter geführt wird. Geleitet wird es von einem Wessi, dem aus
Ravensburg stammenden Richter Lothar Scholz. Ihm zur
Seite sitzen zwei Schöffen aus dem Osten. Schon vor der
Eröffnung warnt Scholz vor allzu hohen Erwartungen, die in
diesem Prozeß gesetzt werden könnten: Dies sei „kein politisches Verfahren", dessen Gegenstand der wachsende Ausländerhaß sei; es gehe allein um die begangenen Straftaten.
Ein juristisch korrekter Ansatz, an den sich Richter in der
Vergangenheit – vorsichtig formuliert – nicht immer skla-
visch hielten, wenn es galt, über Angeklagte aus dem linken
Spektrum zu urteilen.

Links außen auf der Anklagebank, von Richter Scholz aus
gesehen, sitzt Andreas Hanspach, ein bulliger Typ mit Wal-
roßschnauzer und kurzgeschorenem Schädel, gekleidet in
ein olivfarbenes Kampfhemd. Ein ewig zu kurz Gekomme-
ner: zerrüttetes Elternhaus, den Vater kennt er nicht, Unsi-

cherheit gegenüber Frauen, Probleme in der Schule und bei
diversen Jobs, die er immer wieder schmeißt. Vierfach vorbestraft wegen Unzucht mit minderjährigen Jungen. Geistig
ist der einstige Gewichtheber zurückgeblieben, ein Sachver-
ständiger bescheinigt ihm „Minderbegabung an der Grenze
zur Debilität". Hanspach säuft viel, und er prügelt sich gern
– dabei findet er Bestätigung.

Am Himmelfahrtstag, so sagen mehrere Zeugen aus, sei
Andreas Hanspach der „Stimmungsmacher" gewesen. Für
seine eigene Misere macht er die „Nigger" verantwortlich,
die Ausländer, die sich schon in der DDR „alles leisten und
erlauben konnten", und für die er nur eins empfindet: blin-
den Haß. Er habe, berichtet ein Polizist vor Gericht, Hanspach am 9. Mai erklärt, daß in dem Haus doch nur kranke
Kinder seien. Dessen Antwort sei gewesen: „Scheißegal.
Hauptsache, es sind Ausländer."

Schräg hinter Andreas Hanspach, in der zweiten Reihe,
sitzt René Druschke, offenkundig der eigentliche Drahtzieher der Aktion. Bei einem Besuch in der Wohnung des
23jährigen, gibt Gerichtshelfer Bernd Wagner zu Protokoll,
habe er ein großes „Ausländer-raus"-Plakat vorgefunden
und Flugschriften „Deutschland ist nicht nur die Bundesrepublik"; außerdem hätten sich mehrere junge Leute gerade
ein Rechtsradikalen-Video angesehen. René Druschke, der
Zittauer Republikaner-Chef a. D., schreibt sich selbst eine
Art Anführerrolle zu; gegenüber dem Gericht bezeichnet er
sich als „Kristallisationspunkt für Jugendliche".

Druschkes Zurechnungsfähigkeit ist unbestritten. Der
schmächtige arbeitslose Metallarbeiter weiß genau, was er
tut und sagt. Reue? Keine Spur. Mit dem Überfall am 9. Mai,
sagt er dem Gericht, habe ein „Zeichen für die Politiker"
gesetzt werden sollen; Gewalttaten gegen Ausländer seien
für ihn durchaus ein Mittel der politischen Auseinandersetzung.

Diese Ansicht teilen – mit Ausnahme von Steffen Schiffner – auch die anderen Angeklagten. Mit entschuldigenden Worten, die Verteidigung wird es ihnen erklärt haben, könnten sie das Gericht milder stimmen, das Strafmaß drücken. Sie bleiben aus. Statt dessen polemisieren sie gegen „Scheinasylanten" und „Wirtschaftsflüchtlinge", gegen die „ja mal irgendwas gemacht werden muß", wie es Heiko Hönel formuliert. „Die muß man mit Gewalt aus dem Land treiben, das ist die einzige Lösung", sagt René Zieschang. Auch nach diesen Äußerungen argumentiert die Verteidigung noch, bei den Ausschreitungen habe es sich lediglich um eine „entartete Männertagsfeier" gehandelt.

Nach drei Verhandlungstagen verkündet Richter Scholz die Urteile. Das höchste lautet auf fünfzehn Monate Freiheitsstrafe, unter anderem verhängt gegen Andreas Hanspach wegen schweren Landfriedensbruchs in Tateinheit mit Körperverletzung und Volksverhetzung. Zusätzlich wegen schwerer Körperverletzung werden Jörg Scherr und Steffen Schiffner zu fünfzehn Monaten verurteilt. Schiffner erhält Bewährung, weil er, so Lothar Scholz, „jede Frage beantwortet und sich in keiner Weise geschont" habe; während seiner dreijährigen Bewährungsfrist muß er 200 Stunden gemeinnützige Arbeit leisten, die Hälfte mit ausländischen Kindern.

Die „volle Schärfe und Härte des Gerichts" (Justizminister Kinkel) trifft die Angeklagten damit nicht gerade. „Die Hilflosigkeit des Rechtsstaates, die sich in übermäßiger Milde gegenüber menschenverachtender Aggressivität ausdrückt, macht betroffen", kommentiert die Berliner *Neue Zeit* den Spruch des Zittauer Gerichts. Staatsanwalt Heiko Voigt, der bei keinem der acht Rechtsradikalen „eine echte Einsicht in die Unrechtstat" erkennen konnte, hatte auf – teilweise zur Bewährung auszusetzende – Freiheitsstrafen von bis zu zwei Jahren und drei Monaten plädiert.

In seiner Urteilsbegründung wiederholt Lothar Scholz, der seit Beginn des Verfahrens unter Polizeischutz steht, was er schon vor der Verhandlung gesagt hatte: daß dies „kein politischer Prozeß" sei. Aber, auch das sagt Scholz, es sei trotzdem gewollt, daß von diesem Urteil „eine generalpräventive Wirkung ausgehen", daß es mithin andere ausländerfeindliche Gewalttäter abschrecken soll.

Ein allzu frommer Wunsch. Schon während der drei Verhandlungstage hatten etliche der über 100 Zuschauer, mehrheitlich Sympathisanten der Angeklagten, den Prozeß durch Gelächter und beleidigende Zwischenrufe („Alles Scheiße") gestört. Jetzt, Scholz hat kaum zu Ende gesprochen, bejubeln Gesinnungsgenossen die Verurteilten, feiern sie als „Märtyrer". Und vor dem Gerichtssaal recken Rechtsradikale demonstrativ den Arm zum Hitlergruß, johlen fremdenfeindliche Parolen.

Wie abschreckend das Zittauer Urteil vom 11. November ist, zeigt sich eindrucksvoll im Verlauf der folgenden Woche. In Leipzig dringen vier Skinheads gewaltsam in die Wohnung eines vietnamesischen Ehepaares ein, bedrohen die beiden mit einer Gaspistole und demolieren mit Baseballschlägern die Einrichtung. Am Abend desselben Tages wird ein weiteres Leipziger Vietnamesenpaar von sechs Vermummten überfallen, die den Mann in den Keller schleppen und ihn dort mit Schlägen, Tritten und Messerstichen schwer verletzen. In Wismar randaliert eine halbe Hundertschaft Rechtsradikaler in der Innenstadt. In Saßnitz werden bei einem Angriff von 30 Neonazis fast alle Fenster eines Asylbewerberheimes mit Steinen eingeworfen. Und in Salzgitter attackieren rund 50 Skinheads eine Hochzeitsfeier türkischer Immigranten im Gemeindehaus der evangelischen Kirche; einem Molotowcocktail können die Gäste gerade noch ausweichen.

Aber vielleicht hatten all die Täter ja einfach nichts von den in Zittau verhängten Strafen gehört...

Was sich an jenem verregneten Freitag, dem 16. November 1990, wirklich zugetragen hat in den drei Minuten zwischen 22.43 und 22.45 Uhr, die die Ostberliner S-Bahn benötigt, um von der Station Springpfuhl zur Haltestelle Friedrichsfelde-Ost zu gelangen – in allen schrecklichen Einzelheiten und mit letzter Sicherheit wird sich das nicht mehr aufklären lassen. Ganz gewiß ist nur: In diesen drei Minuten verlor ein junger Mensch sein Leben, wurden zwei seiner Freunde schwer verletzt. Und gewiß ist auch, daß alle drei beträchtliche Mitschuld trugen an dem blutigen Geschehen. Fest steht ferner, was sich abspielte an jenem Abend, bevor sich zufällig die Wege zweier Gruppen im vorletzten von acht S-Bahn-Wagen kreuzten.

Berlin-Marzahn. Im „Akaziengrund" picheln René Grubert, 20 Jahre alt, Andreas Leppler und Gordon Pils gemeinsam mit drei Berliner Kumpeln Bier und Cola-Cognac. Die Kneipe inmitten der Hochhaus-Siedlung ist nach den Worten der Besucher „eine deutsche Gaststätte", ein Treffpunkt rechtsradikal gesinnter Jugendlicher, und in Justizkreisen gut bekannt. Immer wieder stehen Gäste aus dem „Akaziengrund" vor Gericht, weil sie an Schlägereien beteiligt waren.

Auch René Grubert gehört zur rechten Szene. Nachdem er im Frühherbst 1989 über die Prager Botschaft nach West-Berlin gelangt war, schloß er sich sofort den Republikanern an. Nach Renés Tod wird – es ist gerade mal wieder Wahlkampf in Berlin – Carsten Pagel, der Landesvorsitzende der Republikaner, mit einer Trauerbinde am Arm im Abgeordnetenhaus gegen die „mörderische Ausländerpolitik" des rot-grünen Senats wettern und die „Gewalt vornehmlich türkischer Jugendbanden" anprangern. Seine Partei wird eine Zeitungsannonce schalten, in der es vorverurteilend heißt, René Grubert sei „Opfer eines feigen Mordes" geworden. Und Franz Schönhuber wird sich publikumswirksam zur Beerdigung ansagen, aber nicht erscheinen.

Fast ein Jahr darauf, im Oktober 1991, wird Rechtsanwalt Pagels Gruberts Eltern als Nebenkläger vor Gericht vertreten. Dort wird auch eine 22jährige Uhrmacherin als Zeugin auftreten und auf die Frage, ob im „Akaziengrund" die Parolen „Deutschland den Deutschen" und „Ausländer raus" zu hören seien, sagen: „Das paßt doch allgemein in Deutschland." Daraufhin befragt, ob sie das gut finde, wird die junge Frau antworten: „Ja." Und Pagels, dessen Partei drei Jahre zuvor in einem Wahlkampfspot Bilder von Ausländern mit der Melodie „Spiel mir das Lied vom Tod" unterlegt hatte, wird ebenso freudig wie ungeniert lachen.

Am Freitag, dem 16. November 1990, beschließen Grubert und seine Mitzecher, nachdem es ihnen im „Akaziengrund" zu langweilig geworden ist, in die Innenstadt zu fahren. Die jungen Männer tragen Bomberjacken und Springerstiefel, ihre Haare sind kurz geschoren. Vor der Kneipe ziehen sich drei von ihnen Kapuzen ins Gesicht und binden sich Tücher vor Mund und Nase, so daß nur noch die Augenpartie frei bleibt. Man könnte das als Vermummung interpretieren.

An der S-Bahn-Haltestelle Springpfuhl steigt die Sechser-Gruppe in den vorletzten Wagen des Zuges. Dort sitzen bereits fünf Menschen: drei junge Türken und zwei deutsche Mädchen.

Ayhan Öztürk ist 22 Jahre alt. Als Fünfjähriger ist er mit seinen Eltern nach West-Berlin gekommen, wuchs in der Stadt auf. Er arbeitet als Auslieferer für einen Lebensmittelgroßhandel. An diesem Freitag hat er um 18 Uhr Feierabend. Gemeinsam mit seinen Freunden Bünyamin und Mehmet fährt er zu seiner Freundin Carmen, einer Wäscherei-Arbeiterin, und deren Kollegin Monika in den Osten, nach Marzahn. Die fünf machen sich etwas zu essen. Danach wollen sie in den „Alex-Treff", eine Diskothek am Alexanderplatz. In der Otto-Winzer-Straße nehmen sie die S-Bahn.

Soweit ist alles unstrittig. Auch noch, daß Gordon Pils in

Monika eine frühere Mitschülerin erkennt. Über den Verlauf der nächsten drei Minuten aber gibt es zwei sehr unterschiedliche Versionen – die der Türken und deren Begleiterinnen, die relativ, und die der anderen, die kaum glaubhaft klingt. Am Ende dieser drei Minuten jedenfalls hat Ayhan Öztürk René Grubert durch einen Messerstich in die linke Schläfe getötet und Andreas Leppler wie Gordon Pils ebenfalls mit Messerstichen unter anderem in die Lunge schwer verletzt.

Die 28. Strafkammer des Berliner Landgerichts in Moabit. Den Vorsitz im Verfahren gegen Ayhan Öztürk, der wegen Totschlags und versuchten Totschlags angeklagt ist, führt die 45jährige Richterin Daniela Solin-Stojanovic. Eine schwierige Aufgabe, denn sie weiß: Zu welchem Ergebnis die Kammer auch immer kommen wird – es steht zu fürchten, daß das Urteil in der aufgeheizten Stimmung in Berlin, wo Straßenkämpfe zwischen türkischen und deutschen Gangs an der Tagesordnung sind, Racheakte von der sich ungerecht behandelt fühlenden Seite zur Folge hat.

Am ersten Verhandlungstag versammeln sich mehrere hundert Sympathisanten von Ayhan Öztürk vor dem Gerichtsgebäude. Einige Demonstranten verteilen T-Shirts mit einer aufgedruckten Zielscheibe und dem Spruch „Ayhan did the right thing" – Ayhan tat das einzig Richtige. Zuvor kursierten bereits Flugblätter einer Gruppe „Revolutionärer Kommunisten", in denen es – die Freude ist alles andere als klammheimlich – über René Grubert hieß: „Seine Wunsch-Karriere als Rassist und Möchtegern-Nachfolger Hitlers hat ein vorzeitiges Ende gefunden." Menschenverachtung ist offenkundig nicht allein Sache von Rechtsradikalen.

Im Verhandlungssaal muß Richterin Solin-Stojanovic die als Zeugen auftretenden Freunde des Getöteten immer wieder mahnen, vor Gericht die Wahrheit zu sagen und keine Meineide zu schwören: „Sie haben doch anderes vor, als die nächsten Jahre im Gefängnis zu verbringen." Zu häufig und

zu eklatant nämlich unterscheiden sich ihre Aussagen von
den Angaben, die sie gegenüber der Polizei zu Protokoll
gegeben hatten.

Nach der Version der Deutschen, vorrangig von Leppler
und Pils bezeugt, haben sich die drei Minuten in der S-Bahn
so zugetragen: „Wir sind da eingestiegen, haben uns hinge-
setzt, und danach fing schon das Handgemenge an", und
zwar zwischen „Andreas und René und dem Herrn Öztürk", sagt der 21jährige Pils aus. Dann sei alles sehr schnell
gegangen. Ayhan Öztürk habe mit dem Messer rumgefuch-
telt, „und dann hat er einen nach dem anderen niedergestochen". Der anfänglichen Keilerei sei ein „Wortwechsel"
vorausgegangen, an dessen Inhalt sich allerdings lediglich
Andreas Leppler – und das auch nur nach eindringlichem
Befragen durch Richterin und Staatsanwalt – dürftig erinnern mag. Da könnte, sagte er, schon ein Satz gefallen
sein wie: „Die Weiber geben sich mit Kanacken ab." Daß
René Grubert einen Gasdruckrevolver und Gordon Pils
eine Schreckschußpistole bei sich trugen, bestreiten die
Deutschen nicht. Die Waffen seien jedoch erst gezogen
worden, nachdem Ayhan Öztürk sie niedergestochen habe.
Zumindest im Fall Grubert dürfte das unmöglich gewesen sein.

Die Version der anderen Gruppe weicht, wie gesagt, von
dieser Darstellung entscheidend ab. Danach hätten die sechs
Deutschen, die teilweise vermummt gewesen seien, sofort
den Hitler-Gruß gezeigt und angefangen, „Deutschland den
Deutschen", „Ausländer raus" und „Türken raus" zu rufen.
Carmen und Monika seien als „Türkenschlampen" beschimpft worden. Ayhan Öztürk habe sich provoziert ge-
fühlt und die Schreihälse aufgefordert, „das doch noch
einmal" zu wiederholen. Mehmet, der den aufbrausenden
Charakter seines Freundes auch vor Gericht nicht verhehlt,
sagt aus, er habe sich Ayhan daraufhin auf den Schoß gesetzt
und ihn beruhigt: „Keine Angst, passiert schon nichts." „Die

haben sich viel gefallen lassen, die wollten keinen Streit", verteidigt Monika ihre türkischen Freunde.

Es nutzte offenbar nichts. Ayhan Öztürk schildert, und Mehmet bestätigt diese Aussagen, daß plötzlich einer der Vermummten vor ihm aufgetaucht sei, eine Pistole auf ihn gerichtet und gedroht habe: „Ich knall' dich ab, Scheißtürke." Nachdem ihm schließlich ein anderer mit dem Fuß ans Kinn getreten habe und sein Kopf mit voller Wucht an die Wand geprallt sei, habe er geglaubt: „Die machen Ernst, die schießen mich nieder." Deshalb habe er sein am Fuß festgebundenes Messer gezogen und zugestochen. Wie viele der Männer er verletzt habe, sagt Ayhan Öztürk, habe er nicht bemerkt; auch nicht, wie schwer die Verletzungen gewesen seien.

Um 22.45 Uhr am 16. November 1990 verlassen die drei Türken und ihre beiden Begleiterinnen an der Haltestelle Friedrichsfelde-Ost panikartig die S-Bahn. Noch in derselben Nacht stellen sich Bünyamin und Mehmet der Polizei; Ayhan, der aus Angst untertaucht, wird zwei Tage später festgenommen. Nach den Ermittlungen hat er die Taten allein zu verantworten.

Exakt elf Monate später, am 16. Oktober 1991, verkündet Daniela Solin-Stojanovic das Urteil: Freispruch für Ayhan Öztürk. Die Aussagen der Türken bewertet das Gericht zwar als begünstigend für den Angeklagten, die der Deutschen jedoch als ungeschickte Lügen, „die nicht geeignet sind, Zweifel an der Notwehrsituation aufkommen zu lassen". Für die Strafkammer steht einwandfrei fest: Ayhan Öztürk ist von den sechs Deutschen provoziert, attackiert und mit einer Waffe bedroht worden. „Der Angeklagte sah sich von mindestens drei Personen angegriffen", sagt die Richterin bei der Urteilsverkündung. „Er durfte den Angriff sofort, endgültig und auf die für ihn sicherste Weise abwehren. Das Risiko liegt beim Angreifer."

Zu diesem Ergebnis war zuvor auch schon Staatsanwalt Karlheinz Dalheimer gekommen und von der Anklage wegen Totschlags abgerückt: „Öztürk hatte das Recht, das Messer zu benutzen." Dafür will er nun René Gruberts Freunde vor Gericht bringen. Dalheimer leitete Ermittlungsverfahren gegen sie ein – wegen Körperverletzung, Nötigung, falscher uneidlicher Aussagen, Meineids und der Verwendung verfassungswidriger Symbole.

Täter sind – durch eigenes Verschulden – zu Opfern geworden, ein Opfer wurde – schuldlos – zum Täter. Was sich im Moabiter Schwurgericht abspielte, war kein politischer Prozeß. Und trotzdem hat die Kammer – juristisch völlig korrekt – ein durchaus politisches Urteil gesprochen, dessen leider viel zu seltene Botschaft lautet: Ausländer sind in diesem Land kein Freiwild, gewalttätige Rassisten dürfen nicht mit dem Schutz des Gesetzes rechnen. Wenn überhaupt, dann könnte – im Gegensatz zum Zittauer Spruch – nur von Urteilen wie diesem eine „generalpräventive Wirkung" ausgehen. Aber auch daran sind Zweifel erlaubt.

Kaum war die Urteilsverkündung vorüber, goß Carsten Pagels schon wieder Öl ins Feuer. Der Freispruch, gab der Republikaner zu verstehen, sei eine Aufforderung an alle gewaltbereiten Gruppen, sich zu bewaffnen und Gewalt auch anzuwenden; es habe sich ja gezeigt, wie einfach man sich hinterher auf Notwehr berufen könne. An ausländische Jugendliche war dieser Hinweis mit Sicherheit nicht gerichtet.

Aber auch der Chefredakteur der türkischen Zeitung *Hürriyet* fühlte sich zu einer berechtigten Mahnung bemüßigt. „Das Urteil", zitiert ihn die *taz*, „müssen jene anerkennen, die gegen Ausländer hetzen. Aber auch junge ausländische Berliner dürfen nun nicht glauben, sie könnten gegen Beleidigungen sofort mit Gewalt antworten."

Der bebrillte junge Mann auf der Anklagebank sieht aus wie die Karikatur einer Karikatur, als wollte er den Hitler-Parodisten Charlie Chaplin im Film „Der Große Diktator" parodieren. Sein Hinterkopf ist stoppelkurz geschoren, vorne fällt ihm eine Tolle à la Adolf in die Stirn. Auch die spärliche Rotzbremse ist dem Führer nachempfunden. Den rechten Ärmel seiner Bomberjacke, die er während der Verhandlung trägt, ziert ein runder Aufnäher mit dem Schriftzug „Treu dem vereinten deutschen Vaterland". Seinen politischen Standort gibt er an mit „Deutsche Volksunion. Rechtsradikal". Schtonk.

Kai war dabei am Abend des 21. September 1991, als in Hoyerswerda mal wieder der Volkssport „Ausländer klatschen" betrieben wurde, als wieder einmal zu „Deutschland-den-Deutschen"-Gebrüll und „Ausländer-raus"-Rufen Steine auf das Wohnheim in der Albert-Schweitzer-Straße flogen. Er machte mit, als ein Einsatzwagen der Polizei am Weiterfahren gehindert wurde. Und er warf einen Molotowcocktail auf das angegriffene Gebäude, über die Köpfe mehrerer Polizisten hinweg. Den Brandsatz, sagt er, habe er nicht selbst mitgebracht, den habe ihm jemand aus der Menge gereicht.

Der Verhandlung im Kreisgericht Bautzen, vor dem sich Kai Anfang Dezember wegen schweren Landfriedensbruchs, Volksverhetzung und Widerstands gegen die Staatsgewalt verantworten muß, führt – wie in Zittau – ein Westdeutscher: der 44jährige Heinz Jockers aus Waldshut-Tiengen. Er fragt Kai nach dessen Motiven. Es habe etwas „in Gang gesetzt" werden sollen, antwortet der 19jährige verstockt in seiner Stammelsprache. „Ein Stopp. Daß keiner mehr reinkommt von den Asylanten. Wohnungen frei werden. Arbeit für Deutsche."

Richter Jockers versucht zu ergründen, ob Kai inzwischen zur Einsicht gelangt sei, wie er heute über die Gewalttaten denke. „Daß es teilweise richtig war", sagt der junge Mann.

Und: „Das mußte sein." Erst nachdem ihm sein Anwalt etwas zugetuschelt hat, fügt er einen einschränkenden Satz hinzu: „Gewalt halte ich nicht für gut."

Kai hat bislang ein bescheiden schönes Leben hinter sich. Die Ehe seiner Eltern geht in die Brüche, wird 1977 geschieden. Die Mutter will den fünfjährigen Jungen nicht, er bleibt beim Vater, der inzwischen zum dritten Mal verheiratet ist. Seine Lehre als Schlosser bricht Kai ab, weil er in der Berufsschule nicht mitkommt. Nun verkauft er Socken auf dem Markt von Hoyerswerda. Ein Underdog, der „den Ausländern" die Schuld an seinem Los zuschiebt.

Man kann, wenn man will, immer wieder und immer andere Erklärungen finden für rassistische Ausschreitungen; Erklärungen, die sehr schnell zu Entschuldigungen werden. Richter Jockers sagt in seiner Urteilsbegründung – wie sein Kollege in Zittau –, das Gericht habe nicht die politische Einstellung des Angeklagten zu beurteilen, sondern allein die begangenen Straftaten. Zusammenhänge? Augen zu. Heinz Jockers verhängt fünfzehn Monate Freiheitsstrafe; ob sie zur Bewährung ausgesetzt wird, will das Gericht in einem halben Jahr entscheiden. Bis dahin muß Kai 70 Stunden gemeinnützige Arbeit leisten. Wie das Urteil ausgefallen wäre, hätte er den Molotowcocktail aus einem Autonomen-Block heraus auf eine Bundeswehrkaserne geworfen? Man weiß es nicht, man ahnt es nur.

Große Aufmerksamkeit ist diesem Prozeß, dem zweiten gegen einen an den Hetzjagden von Hoyerswerda Beteiligten, nicht zuteil geworden. Der erste, eine Woche zuvor, ging sogar fast völlig unter. In dem Verfahren war ein Skinhead zu 400 Mark Geldstrafe wegen unerlaubten Waffenbesitzes verurteilt worden – er hatte einen Totschläger bei sich, als ihn die Polizei vor dem Ausländerwohnheim in der Albert-Schweitzer-Straße festnahm.

Eine der wenigen, die über den Bautzener Prozeß gegen Kai berichteten, war die *Spiegel*-Gerichtsreporterin Gisela

Friedrichsen. „Nicht jeder aber", kommentierte sie das „vernünftige, einleuchtende Urteil", „der sich mit Ausländern schwertut, der den Ton verfehlt, der nicht gleich die ‚richtige' Meinung hat, ist schon eine Gefahr für den Rechtsstaat. Seine Sorgen und Ängste könnten eine realere Grundlage haben als die bisweilen hochgespielte Diskussion über eine neue Ausländerfeindlichkeit."

Der letzte Absatz ihres Verständnis heischenden Berichts lautet: „Kurt Reumann schrieb am 28. Oktober 1991 in der *FAZ* unter dem Titel ‚Mensch, nicht Wolf': ‚Mit Klagerufen wie Schmach über Deutschland können Journalisten und Politiker zwar diejenigen beeindrucken, die nicht rechtsradikal sind, also die große Mehrheit. Aber Rechtsradikale werden sie damit nur bockiger machen.' Das gilt auch für die Justiz, sollte sie sich anschicken, Angst und Schrecken zu verbreiten."

Das ist die alte Leier. Milde, Herr Richter, mein Mandant – erschreckt ihn nicht, er ist so zart! – hat doch nur den Ton verfehlt, als er versuchte, ein Ausländerwohnheim in Brand zu stecken. Gnade, Herr Staatsanwalt, denn sonst werden seine Freunde – Prügeln ist doch ihr Geschäft! – noch viel, viel böser.

Wenn das schon im *Spiegel* stehen kann, muß man sich über das Klima in diesem Land nicht sonderlich wundern. Küßt die Faschisten, wo ihr sie trefft.

Statt eines Schlußwortes: Kritische Betrachtung (m)eines Berufsstandes

*„Die schärfsten Kritiker der Elche
waren früher selber welche"
Robert Gernhardt*

In der ARD-Nordkette hieß es am Abend des 6. Dezember 1991 eine Dreiviertelstunde lang „Aktiv gegen Ausländerfeindlichkeit". Und Peter Staisch, der stellvertretende Funkhauschef in Hannover, stand pflichtgemäß in der ersten Reihe. Am Ende der ansonsten vorbildlichen Sendung verkündete der NDR-Mann ein Lob in eigener Sache. So schlimm die rassistischen Ausschreitungen der letzten Monate auch seien, so Staisch sinngemäß, es gebe auch positive Begleiterscheinungen. Etwa die Rolle der Medien, die nach dem Motto „Wehret den Anfängen" gegen aufkeimende neonazistische Tendenzen anschrieben und ansendeten.

Nikolausi? Osterhasi!

Peter Staisch rühmte seinen und meinen Berufsstand leider zu Unrecht. Zu viele Fälle gibt es, in denen Journalisten erheblichen Schaden angerichtet haben, zum Teil böswillig – worüber noch zu reden sein wird –, zum Teil aus falsch verstandenem Sendungsbewußtsein, zum Teil aus Sensationsgier. Manchmal auch aus einer Kombination dieser Motive. Das Ergebnis aber ist fast immer das gleiche: Der aufklärerische Effekt ist gering, und die Neonazis freuen sich über die erfahrene, aber unverdiente Publizität.

Die Leidtragenden sind andere. Als der Berliner Fotograf Ludwig Rauch und ich im Juni 1991 im brandenburgischen Eberswalde recherchierten, welches Klima in einer Stadt herrscht, in der Rechtsradikale ungehindert einen Ausländer

auf offener Straße totschlagen können, trieb sich dort auch
ein ZDF-Team zwei Tage in der braunen Szene um. Das
Ergebnis der öffentlich-rechtlichen Bemühungen war wenig
später in einem „heute"-Beitrag zu besichtigen, in dem –
natürlich – Abscheu und Entsetzen über die Gewalt gegen
Ausländer zum Ausdruck gebracht wurde. Der Filmbericht
zeigte vor allem, wie Vietnamesen, die auf dem Marktplatz
geschmuggelte Zigaretten verkauften, an einem Montag-
nachmittag von bewaffneten Neonazis angegriffen und be-
raubt wurden.

Ein journalistischer Glückstreffer, den Reporter und Ka-
meramann landeten, weil sie zufällig zur richtigen Zeit am
richtigen Ort waren? Es soll ja so etwas geben. Es könnte
sich aber auch anders zugetragen haben. Denn am Vortag der
Attacke hatten Eberswalder Rechtsradikale Ludwig und mir
erzählt, daß sich nun auch ZDF-Journalisten für sie interes-
sierten; morgen werde man „mit denen mal ein bißchen
durch die Stadt ziehen…" Und auf der anderen Seite hatten
uns in Eberswalde lebende Vietnamesen berichtet, die Skinheads hätten sie nun schon seit Wochen in Ruhe gelassen.

Ich will nicht glauben, daß die TV-Kollegen die Neonazis
sogar zu ihrer Gewalttat animiert hatten. Aber ich fürchte,
sie hofften inständig, daß bei dem für sie initiierten Zug
durch die Gemeinde etwas Aufsehenerregendes geschehen
werde – Fernsehen lebt schließlich von bewegten und bewe-
genden Bildern. Zumindest hielten sie die Schläger nicht von
ihrem Angriff ab, der glücklicherweise keine schweren Verletzungen der Vietnamesen zur Folge hatte. Und ich halte die
Behauptung für nicht allzu gewagt, daß es ohne die Anwesenheit des ZDF-Teams nicht zu diesem Überfall gekommen
wäre.

Ähnliche Fälle habe ich nicht selbst miterlebt. Aber es ist
nicht auszuschließen, daß das Eberswalder Beispiel eher die
Regel ist als die Ausnahme, daß Journalisten allzuoft allein
durch ihre Präsenz jene Situation schaffen, die sie beschrei-

ben oder zeigen wollen. Aus Beobachtern können so sehr
schnell Mittäter werden, und für die Opfer spielt es kaum
eine Rolle, ob dies willentlich geschieht oder nicht, ob in
guter oder böser Absicht.

Oder aus schierer Gedankenlosigkeit. Im Herbst drehte
ein Team des Privatsenders Rias-TV für eine Serie über Ausländer auch im Berliner Plattenbau-Ghetto Marzahn, einer
der Neonazi-Hochburgen im Ostteil der Stadt; für die Aufnahmen „verpflichtete" die Anstalt eine Gruppe als gewalttätig bekannter Jugendlicher. Es kam, was vorhersehbar war:
Die Dreharbeiten endeten beinahe mit Randale in einem
nahe gelegenen Wohnheim für sowjetische Juden, von dessen Existenz die Fernsehleute angeblich nichts gewußt hatten. Auch seien, ließ der Sender später verbreiten, entgegen
den Behauptungen der Rechtsradikalen keine Gagen an die
hochmotivierten Darsteller gezahlt worden, „nur die Ge-
tränke in der Disko, das ist normal".

Unüblich wäre es keinesfalls gewesen, wären die Neonazis
nicht allein mit Alkohol – der sich bekanntlich ja dämpfend
auf Aggressionen auswirkt – entlohnt worden. Inzwischen
ist es gang und gäbe, daß Rechtsradikale nur noch gegen
Cash mit Journalisten zu sprechen bereit sind. Als ich im
Oktober 1990 mit den Hausbesetzern in der Ostberliner
Weitlingstraße reden wollte, verlangten die ein Mindesthono-
norar von 500 Mark. Kurz darauf forderte ein Hooligan-
Anführer, zu dem ich nach dem Tod von Mike Polley in
Leipzig Kontakt aufnahm, sogar das Doppelte: 1000 Mark.
Viele Mitglieder der rechtsradikalen Szene kennen ihren mo-
mentanen Marktwert – und bekommen ihn. Es gibt allerdings nur wenige Kollegen, die das zugeben, und das auch
nur hinter vorgehaltener Hand. Einen Rest Schamgefühl hat
man sich wenigstens bewahrt, wenn der journalistische An-
stand schon zum Teufel ist…

Journalisten sollten Rechtsradikale nicht auch noch be-
zahlen, sie unterstützen sie ohnehin über Gebühr – allein

durch ihre Berichte, mögen die noch so negativ ausfallen. Republikaner-Chef Franz Schönhuber, der jahrzehntelang selbst als Journalist gearbeitet hat, zum Beispiel weiß das ganz genau. Und er weiß es zu nutzen. Getreu der bewährten PR-Devise „Any press is good press". Frei übersetzt: Es ist nicht wichtig, was geschrieben wird, sondern daß überhaupt geschrieben wird.

Am Abend der Europawahl im Juni 1989 – die Republikaner hatten gerade 7,1 Prozent der Stimmen gewonnen und 16,5 Millionen Mark Wahlkampfkosten-Erstattung eingestrichen – redete ich mit Schönhuber. „Sehen Sie", sagte der zum Schluß des Gespräches in bemerkenswerter Offenheit, „jetzt habe ich mich ganz gesittet mit Ihnen unterhalten, obwohl ich genau weiß, daß Sie morgen in ihre Redaktion gehen und mich in die Pfanne hauen. Aber wissen Sie was? Damit helfen Sie mir nur."

Leider hat der Mann recht. Jeder Artikel, jeder Fernseh- oder Rundfunkbericht über die Republikaner und jede andere rechtsradikale Partei oder Gruppe kündet von deren Existenz, macht sie bekannt und benennt ihre politischen Ziele. Da man sich sein Publikum – Gott sei Dank – nicht aussuchen kann, besteht immer die Gefahr, daß ein Teil das derart verbreitete Programm gar nicht so übel findet, die mahnenden Worte des Journalisten aber für überflüssig oder übertrieben hält: „Die sollen sich nicht so haben, da ist doch was Wahres dran." Gerade Massenmedien laufen so leicht Gefahr, als Mulitplikatoren rechtsextremen Gedankenguts zu dienen – effektiver und billiger als jedes Flugblatt.

Deshalb sollten wir uns nichts vormachen: Wenn die Republikaner zumindest im Moment wieder da sind, wo sie hingehören, in der Versenkung nämlich, dann nicht wegen, sondern eher trotz der Berichterstattung über sie.

Was Schönhuber und andere, weniger gewiefte Ausländer-raus-Schreier propagieren, transportieren wir aber fleißig weiter. Daran, daß sich Ausländerhaß in dem erlebten

Maße entladen konnte, haben – halten zu Gnaden, Herr
Staisch – die Medien kräftig mitgewirkt, und keineswegs nur
die konservativen. So setzte der *Spiegel*, der sich doch soviel
auf seine Liberalität zugute hält, am 9. September 1991 –
noch vor Hoyerswerda, gewiß; aber in den neuen Bundesländern wurde schon seit Monaten Hatz auf Ausländer
gemacht – wirkungsvoll die nationalistische Das-Boot-ist-
voll-Metapher in ein Titelbild um: Unter der Schlagzeile
„Flüchtlinge – Aussiedler – Asylanten/Ansturm der Armen"
ist ein bereits überfülltes, schwarz-rot-gold gestrichenes
Schiff zu sehen, das von weiteren anonymen Massen ge-
stürmt zu werden droht. Die Botschaft ist klar: Der Wohl-
standsstaat Deutschland ist dem Untergang geweiht. Und
wer trägt die Schuld? Die über uns hereinbrechenden Aus-
länderscharen natürlich.

Das sei ironisch gemeint gewesen? Ach, Herr Aug-
stein…

Ganz und gar unironisch war jedenfalls eine am 14. Oktober gedruckte Geschichte der *Spiegel*-Reporterin Ariane
Barth über das „ehedem kleinbürgerliche Hamburger Karolinen-Viertel, wo gewalttätige Roma-Kinder die meist älteren Einheimischen tyrannisieren… so daß auch ‚nette,
pazifistische Leute so etwas wie eine Bürgerwehr' wollen"
(*Spiegel*-Editorial). „Langsam", schrieb ein Leser nach Lek-
türe der Horrorstory dem Magazin, „wackelt auch mein
demokratisches Weltbild. Ich hoffe für mich und ganz
Deutschland, daß der Artikel nicht ganz der Wahrheit ent-
spricht."

Tut er wohl auch nicht, wie *konkret*-Autor Oliver Tol-
mein recherchierte. In seinem Bericht weist er eindrucksvoll
nach, daß die *Spiegel*-Schreiberin mittels „Auslassungen,
leichten und groben Verfälschungen" ein Zerrbild produ-
zierte und Stimmung gegen die Ausländer schürte. Auch mit
Hilfe der benutzten Sprache. „Die Redakteurin Ariane
Barth", beklagten sich Bewohner des Karolinen-Viertels,

„beschränkt sich auf die Darstellung besonders sensationell verwertbarer Aspekte (Bandenkriminalität, sexuelle Übergriffe auf Frauen, Bürgerwehr), wobei sie durch ihre stigmatisierende Wortwahl für Roma (Sippe, Rotte, Scharen, Irrwische, Rabauken, Räuber etc.) bei den LeserInnen ein emotionales Klima des rassistischen Hasses zu erzeugen vermag, in welchem ein Umgang mit diesen primär sozialen Problemen jenseits von Bürgerwehr und Staatsgewalt kaum möglich erscheint."

Diesen Leserbrief druckte der *Spiegel* nicht.

Der Freiburger Sprachwissenschaftler Uwe Pörksen fällt – unter ausdrücklicher Bezugnahme auf Ariane Barths Story – ein vernichtendes Urteil über diese Art der journalistischen Geschichte: „Sie bringt nicht auf den Begriff, sondern sie suggeriert, sie ist nicht darauf angelegt zu verstehen, sondern Stimmung zu machen. Am liebsten ist ihr die Geschichte von dem Opfer und dem Täter. Der Täter ist dreckig und gewalttätig, hat es auf unseren Geldbeutel und unsere Geschlechtsteile abgesehen, das Opfer ist rein wie ein Lamm, und ihm wird alles genommen."

Häufig genug kommt es auch in den Medien zu einer Umdeutung von Tätern und Opfern. Zumindest unterschwellig wird Verständnis für Angriffe auf Ausländer geweckt, werden die Opfer nach dem Motto „Selber schuld" für die Prügel, die sie einstecken mußten, verantwortlich gemacht. Oder wie ist folgender Kommentar des angesehenen *Rheinischen Merkur* vom 27. September zu verstehen?: „Wenn weiterhin Ströme von Fremden in das Land schwappen und keine erfolgreichen Maßnahmen zu ihrer Eindämmung sichtbar werden, dann in der Tat könnte die sich aufstauende Ablehnung in der Bevölkerung zu gewaltsamen Eruptionen führen, für die Hoyerswerda das Menetekel ist."

Noch deutlicher hatte *Bild* einen Tag zuvor rassistische Ausschreitungen entschuldigt: „Die Ticker der Agenturen rattern ihre Meldungen auf Endlospapier. 50 davon laufen unter dem Stichwort ‚Asyl/Asylanten'. Viele tragen den Zusatz ‚Anschläge', wenige den Hinweis ‚Politik'. Das zeigt, wer in diesem Herbst handelt und wer abwartet."

Die vom renommierten *Spiegel* im Fall Karolinen-Viertel angewandte Methode mag zwar eleganter sein, in der Wirkung unterscheidet sie sich jedoch nur wenig von der Hetze, die von *Bild* lange Zeit betrieben wurde und – die Prognose erscheint mir realistisch – auch wieder betrieben werden wird, wenn die Schamfrist für Hoyerswerda und Hünxe abgelaufen ist. Im August und September veröffentlichte das Massenblatt – von Regionalausgabe zu Regionalausgabe unterschiedliche, jeweils auf Plakatwänden beworbene – Serien über „Die Asylanten – Report über ein deutsches Problem", die so auch in der *National-Zeitung*, der Postille der rechtsradikalen DVU, hätten erscheinen können.

„Nachbarn", hieß es beispielsweise in einer von *Bild*-Bremen mitten während des Bürgerschafts-Wahlkampfes gedruckten Folge, „haben sich schon mal eine Wohnung angesehen, die von Asylanten gerade verlassen worden war. ‚Im Kühlschrank das Eis pechschwarz. Möbel alle kaputt. Im Keller bauen sie Hasch an', meldeten sie." Oder: „Der Asylant, der täglich 1. Klasse von Bremen nach Hannover fährt – zum Dealen."

„Wäre *Bild* so über Juden hergezogen", kommentierte der Bremer Journalist Eckhard Stengel gallig in *Publizistik & Kunst*, „hätte es einen Skandal gegeben. Aber so blieb alles ruhig in Bremen – es ging ja nur um ‚Asylanten'". Und er stellte sehr wahrscheinliche Zusammenhänge her: „Daß die rechtsextreme DVU in Bremen sechs Mandate errang, dürfte sie teilweise auch der *Bild*-Kampagne verdanken. Und vielleicht fühlte sich sogar der eine oder andere Asylwohnheim-Attentäter durch *Bild* in seinem Ausländerhaß bestärkt."

Die Bochumer Sprachwissenschaftlerin Ute Gerhard weist darüber hinaus anhand des NSDAP-Kampfblattes

Rote Erde auf ebenso bemerkenswerte wie erschreckende Parallelen zwischen der vor allem von *Bild* betriebenen Anti-Asyl-Kampagne und der antijüdischen Hetze der NS-Presse hin. Eines der von ihr zusammengetragenen Beispiele mag hier genügen. „Juden wohnen in Palästen, Deutsche in alten Eisenbahnwagen", hieß es am 25. Februar 1931 in der *Roten Erde*. *Bild* schrieb am 4. August 1991: „Asylanten..., warum wohnen sie zum Teil in Villen und Hotels?" Die Unterschiede sind nur gradueller Natur.

Mitschuldig an der Pogromstimmung fühlt sich natürlich keiner, im Gegenteil. Ute Gerhard spricht sogar von einer „gefährlichen Normalisierungsstrategie", die sich bei den meisten Medien beobachten lasse: „Gemeint ist die Strategie, die rassistischen Gewaltakte auf den ‚braunen Dreck' (*Spiegel*), die ‚braune Fratze' (*Bild*) oder die ‚Extremisten' zu verschieben und selbst dabei gleichzeitig – jetzt von jeglichem Verdacht entlastet – die neorassistischen Positionen weiter zu reproduzieren." Angefangen von der „Asylantenflut", die es einzudämmen gelte, bis hin zu den „kriminellen Scheinasylanten", mit denen kurzer Abschiebeprozeß gemacht werden müsse.

Allzu häufig, urteilt die IG Medien selbstkritisch in einem „Appell an Journalisten und Verleger", sei über ausländische Bürger, Flüchtlinge und Asylbewerber „ausgrenzend, diskriminierend, wenn nicht gar rassistisch" berichtet worden. Die Medien seien aber verpflichtet, „über die Hintergründe von Ausländerhetze und die Beweggründe von Einwanderern aufzuklären. Gelingt dies nicht, so könnte man den Medien vorwerfen, an den Leiden und am Tod von Mitbürgern mitschuldig zu sein."

Um nicht mißverstanden zu werden: Es geht nicht darum, aus jedem Ausländer einen Engel zu machen – das wäre zum einen kontraproduktiv und zum anderen falsch: Sie sind genauso gut oder schlecht, friedlich oder kriminell wie Deutsche. Nicht mehr und nicht weniger. Es geht darum, fair,

wahrheitsgetreu und vorurteilsfrei zu berichten. Eines der
zu wenigen positiven Beispiele lieferte erstaunlicherweise
die konservative Unternehmer-Zeitschrift *Wirtschaftswoche*
(wobei mir der wahrscheinliche Beweggrund sturzschnuppe
ist: daß nämlich die deutsche Industrie aus Absatzgründen
kein Interesse daran haben kann, wenn die Bundesrepublik
im Ausland wegen der wachsenden Fremdenfeindlichkeit in
Verschiß gerät). In der Ausgabe vom 25. Oktober 1991, anderthalb Monate nach der Ansturm-Geschichte des *Spiegel*,
brachte das Blatt eine Titelstory über „Ausländer: Gewinn
für Deutschland". Darin räumen die Autoren, die es nun
wirklich wissen müssen, beispielsweise mit dem Irrglauben
auf, „die ausländischen Zuwanderer fielen dem deutschen
Staat zur Last, sie nähmen den Deutschen Arbeitsplätze
weg". Und im Editorial kommentierte Stefan Baron, früher
im Dienste des *Spiegel*: „Ein modernes Deutschland kann
sich nicht über Blut und Boden definieren. Statt Ausländer
abzuschrecken, sollten wir daher zusehen, die Besten von
ihnen anzulocken; statt Fremde in Sammellager zu pferchen
und mittels Schnellgericht abzuservieren, sollten wir sie
möglichst schnell integrieren. Alles andere ist von gestern –
oder vorgestern."

Es geht meist anders, aber wir sehen: So geht es glücklicherweise auch. Journalisten müssen nicht unbedingt die
Mühlen der Rechtsradikalen bewässern.

Sie dürften, ein anderer Punkt, getrost auch häufiger
schweigen. Clevere Neonazi-Führer kennen die Anzie-
hungskraft genau, die sie auf die meisten Medienvertreter
ausüben. Und die tappen brav in die Falle. Nachdem Michael
Kühnen im Frühjahr 1983 ein angebliches Geheimtreffen
mit Gesinnungsgenossen in einem pfälzischen Kaff anbe-
raumt hatte, ließ er über Mittelsmänner gezielt Ort und
Zeitpunkt des Meetings streuen. Das Ergebnis: Nicht nur
die Polizei stand Schild bei Fuß, sondern auch eine Reihe von
Journalisten, zum Teil lautere Antifaschisten, die danach tap-

fer berichteten. Kühnen hatte richtig kalkuliert: Er bekam just die Publizität, die er sich erhofft hatte. Bingo! Bekanntheitsgrad weiter vergrößert.

Ich will keiner Selbstzensur das Wort reden, aber einer besseren Selbstkontrolle, die natürlich auch den Verzicht auf vermeintliche Sensationsgeschichten und spektakuläre Bilder bedingt. Man kann sich als Journalist durchaus der von Eric Ambler formulierten Maxime „Ich will den Leuten zeigen, wie es zugeht auf der Welt" verpflichtet fühlen und muß trotzdem nicht jeden von Rechtsradikalen – größtenteils nur für die Medien – inszenierten 50-Mann-Aufmarsch mit seiner Anwesenheit nebst folgender Berichterstattung aufwerten.

Muß es denn sein, über jeden mickrigen Landesparteitag der Republikaner zu schreiben und zum x-ten Mal wiederzugeben, was der Herr Schönhuber an Unsinnigem und Widerwärtigem verzapft? Muß es sein, die kruden Gedanken und schwachsinnigen Parolen von Neonazis im Original-Ton zu senden oder zu drucken? Muß es sein, daß Fernsehanstalten live aus Hoyerswerda senden und den rassistischen Schreihälsen und Steinewerfern auch noch ein Forum bieten? Muß es sein, mit Rechtsradikalen wie auch immer geartete Deals abzuschließen, um sich exklusive Storys und Bilder zu sichern – wie bei Rainer Sonntags Beerdigung in Dresden, als eine Skinhead-Truppe den Friedhof für die übrige Presse sperren wollte, weil „wir mit *Extra* und *Spiegel-TV* abgemacht haben, daß nur die reindürfen"?

Ich hätte es im übrigen für besser gehalten, wenn die braune Szene ihren sauberen Märtyrer gänzlich unter Ausschluß der Öffentlichkeit begraben hätte. Und wenn der anschließende „Trauermarsch" durch Dresden ein etwas geringeres Medienecho erfahren hätte. Ich weiß, daß viele Kollegen – vom ARD-Mann Horst Hano bis zum Korrespondenten der *Frankfurter Rundschau* – durchaus überlegt hatten, das gespenstische Spektakel nur kurz zu melden. Das wäre angemessen gewesen. Statt dessen sendete die „Tagesschau" mal wieder einen bebilderten Bericht, erschien in der *Rundschau* ein üppiger Vierspalter. Bingo!

Es ist ein schmaler Grat, auf dem wir Journalisten uns bewegen. Die entscheidende Frage, die sich die Gutwilligen stellen müssen, lautet: Was nutzt mehr – totschweigen oder Öffentlichkeit schaffen? Ich fürchte, wir haben in der Vergangenheit zu oft die falsche Alternative gewählt. Den Anfängen läßt sich – siehe das Beispiel *Wirtschaftswoche* – auch anders wehren. Besser wäre es deshalb, die an die – in vielen Fällen hoffentlich unbeabsichtigte – Verbreitung neonazistischen Gedankenguts verschwendeten Zeilen und Sendeminuten zu nutzen, um den Ängsten vor Überfremdung aufklärerisch zu begegnen.

Oder um daran zu erinnern, mit welch schönem, aber häufig mißachtetem Satz unser Grundgesetz beginnt: „Die Würde des Menschen ist unantastbar."

Quellenhinweise

Das Kapitel „Die Szene von innen" ist eine geringfügig überarbeitete Fassung der Reportage „Sturm GmbH", veröffentlicht im Stern 7/91

Das Kapitel „Republikaner I: Der geplante Aufstieg…" erschien unter dem Titel „Ein Volk, ein Reich, ein Schönhuber" im Stern 6/90

Das Kapitel „Eberswalde – ein Fallbeispiel" erschien unter dem Titel „Sieg Heil im Osten" im Stern 29/91

Das Kapitel „Die Brandstifter" ist eine stark überarbeitete und erweiterte Fassung des Artikels „Die böse Saat", veröffentlicht im Stern 43/91

Eine Auswahl neuerer Literatur zum Thema

Thomas Assheuer/Hans Sarkorkowicz: Rechtsradikale in Deutschland. Die alte und die neue Rechte. Beck, München 1990

Klaus Bittermann (Hrsg.): Gemeinsam sind wir unausstehlich. Die Wiedervereinigung und ihre Folgen. Edition Tiamat, Berlin 1990

Kurt Bodeweg (Hrsg.): Die schleichende Gefahr, Rechtsextremismus heute. Klartext, Essen 1990

Christoph Butterwegge/Horst Isola (Hrsg.): Rechtsextremismus im vereinten Deutschland. Randerscheinung oder Gefahr für die Demokratie? LinksDruck Verlag, Berlin 1990

Klaus Farin/Eberhard Seidel-Pielen: Krieg in den Städten. Jugendgangs in Deutschland. Rotbuch, Berlin 1991

Peter Ködderitzsch/Leo A. Müller: Rechtsextremismus in der DDR. Lamuv, Göttingen 1990

Michael Schomers: Deutschland ganz rechts – Sieben Monate als Republikaner in BRD & DDR. Kiepenheuer & Witsch, Köln 1990

Frank Schumann: Glatzen am Alex. Rechtsextremismus in der DDR. Edition Fischerinsel, Berlin 1990

Bernd Siegler: Auferstanden aus Ruinen. Rechtsextremismus in der DDR. Edition Tiamat, Berlin 1991

Manfred Stock/Philipp Mühlberg: Die Szene von Innen. Skinheads, Grufties, Heavy Metals, Punks. LinksDruck Verlag, Berlin 1990